KAREN WEBB

Das Enneagramm

W0194824

KAREN WEBB

DAS ENNEAGRAMM

Was Sie wirklich darüber
wissen müssen

Aus dem Englischen
von Diane von Weltzien

GOLDMANN

Die Originalausgabe erschien unter dem Titel
»Principles of the Enneagram«
bei Thorsons, London

Deutsche Erstausgabe

Der Goldmann Verlag ist ein Unternehmen
der Verlagsgruppe Bertelsmann

Deutsche Erstausgabe Oktober 1997
© 1997 der deutschsprachigen Ausgabe
Wilhelm Goldmann Verlag, München
© 1996 der Originalausgabe Karen Webb
Umschlaggestaltung: Design Team München
Umschlagabbildung: Cathy Felstead
Satz: All-Star-Type Hilse, München
Druck: Elsnerdruck Berlin
Verlagsnummer: 13987
Lektorat: Olivia Baerend
Redaktion: Annette Gillich
CL · Herstellung: Martin Strohkendl
Made in Germany
ISBN 3-442-13987-2

1 3 5 7 9 10 8 6 4 2

Inhalt

Dank

Meine Dankbarkeit und Zuneigung wird für immer Helen Palmer gehören, die für mich wichtigste Enneagramm-Lehrerin, ebenso wie ihrem Kollegen David Daniels. Ihre Unterweisungen im Gebrauch des Enneagramms waren derart scharfsinnig und anregend, daß ich noch immer, lange nachdem ich meinen Abschluß in Enneagramm-Arbeit bei ihnen gemacht habe, auf sie zurückgreifen muß.

Danken möchte ich auch den zahlreichen Menschen, deren Geschichte ich anhören durfte und die auch mir zugehört haben. Sie haben nichts zurückgehalten und damit Weisheit, Mitgefühl und Humor höher bewertet als die Wahrung des Gesichts. Für ihre Beiträge zu den einzelnen Kapiteln dieses Buches danke ich vor allem: Jon Neall, Andy Kirkwood, Kate Carter, Ralph Rolls, Jeremy Walters, Steve Jorgensen, Verena Tschudin, Lucinda Leall, Peter Leall, Simon Webb, Stephen Moorsby, James Kirk und Toby Falk.

Zu guter Letzt möchte ich Simon für seine Geduld und Unterstützung danken und Peter für seine liebevolle konstruktive Kritik.

Vorwort

Wozu brauchen wir das Enneagramm? Warum sollen wir herausfinden, welchem Typ wir uns zuordnen können? Wir tun dies, um unsere Selbstwahrnehmung zu stärken. Wir müssen lernen, im Geiste zurückzutreten, damit wir unseren Verstand bei der Arbeit erleben können. Nur die Selbstbeobachtung kann uns dabei unterstützen, unseren Enneagramm-Typ herauszufinden, denn man ist der Typ, für den man sich selbst hält.

Für viele ist die Selbstwahrnehmung noch immer eine verborgene Fähigkeit. Doch kann sie schon bald zu einem zuverlässigen Helfer werden, wenn man die Gewohnheiten des eigenen Geistes beobachtet. Nur ich allein bin fähig, die Veränderungen meines Denkens und das Aufsteigen meiner Gefühle wahrzunehmen.

Es ist die Suche, die den Menschen spirituell stärkt, denn es ist ihm unmöglich, sein wahres Ich, das spirituelle Selbst zu erkennen, in den Bereich, der die Essenz genannt wird, vorzudringen, wenn er nicht einen zuverlässigen inneren Beobachter zum Führer hat.

Die Autorin, Karen Webb, beschreibt klar und deutlich den Ausgangspunkt der Reise nach innen. Irgendwo müssen wir mit unserer Suche beginnen, damit wir die Essenz jenseits der Grenzen unseres Typs finden, und was könnte uns mehr dabei helfen als eine knappe Beschreibung dessen, was man als die Enneagramm-Gleichung der Ich-Essenz bezeichnen könnte?

Karen Webb zeichnet ein klares Bild der wiederkehrenden Gewohnheiten, welche die unterschiedlichen Persönlichkeitstypen in ihrer Lebendigkeit einschränken oder öffnen. Darüber hinaus hat sie Geduld und die Einsicht aufgebracht, den unterschiedlichen Typen zuzuhören, wie sie ihr Dilemma beschreiben, statt ihnen ihre eigenen Ansichten aufzudrängen. Mit großer Freude heiße ich ihr Buch in der größer werdenden Bibliothek der mündlichen Überlieferung willkommen, in der jeder von uns letztlich das Phänomen beschreibt, daß man durch die einzelne Persönlichkeit hindurch die Essenz sehen kann, die wir alle gemeinsam haben.

Helen Palmer, Berkeley, Kalifornien

Einführung

Als ich vor einigen Jahren von einer begeisterten Freundin gebeten wurde, mir das Enneagramm anzusehen, war mein erster Gedanke: »Nein, bitte nicht schon wieder ein neues Persönlichkeitssystem!« Doch innerhalb von zwei Tagen wurde aus meiner ursprünglichen Reaktion ein Gefühl von: »Heureka! Dieses System ist Gold wert!«

In den mehr als zwanzig Jahren, die ich mich nun schon mit Psychologie und der vergleichenden Religionswissenschaft befasse, habe ich viele wertvolle Wahrheiten und viele Parallelen entdeckt, aber vor allem eines hat mir immer Kopfzerbrechen bereitet. Egal, welcher Methoden Heiler sich bedienen, es gelingt ihnen immer, sich auf die Symptome einer Krankheit zu einigen und darauf, wie ein gesunder Körper beschaffen sein soll – also muß es doch auf dem Feld der Psyche ebenfalls eine allgemeingültige Definition des »gesunden« Menschen und der Symptome von Krankheit geben, auf die wir uns einigen und mit denen wir in verschiedenen Disziplinen arbeiten können!

Das Enneagramm ist die Lösung für dieses Problem. Es stellt eine alte und wunderschöne Beschreibung der menschlichen Persönlichkeit in all ihrer Mannigfaltigkeit dar und zeigt, wie die Persönlichkeit direkt mit dem spirituellen Selbst eines jeden Menschen verbunden ist. Es ist keine Religion, sondern umfaßt und vereint scheinbar gegensätzliche Grundsätze, die in allen Glaubensrichtungen vorkommen. Inzwischen haben Psychologen der unterschiedlichsten Schulen festgestellt, daß es ungewöhnlich genau mit modernen Persönlichkeitsbeschreibungen übereinstimmt. Einfach, treffend und gründlich stellt das Enneagramm die Verbindung her zwischen verschiedenen Elementen des Selbst, deren Zusammenspiel zu verstehen wir sonst Jahre gebraucht hätten.

Ob man sich schon längere Zeit mit der Erforschung der eigenen Persönlichkeit beschäftigt oder erst am Anfang steht – das Enneagramm kann eine einzigartige Rolle im Leben eines Menschen spielen, der nach psychischer und spiritueller Entwicklung strebt oder versucht, die Kluft zwischen beiden zu schließen.

Jeder Mensch kann zu jedem beliebigen Zeitpunkt auf seine Suche nach sich selbst das Enneagramm nutzen.

✧ Es hilft dabei, einen tieferen Einblick in das eigene Selbst zu gewinnen, das damit verbundene Potential zu erkennen und zu lernen, wie es umgesetzt werden kann.

✧ Es fördert eine selbstgelenkte Entwicklung von jeder beliebigen Stufe zu einer anderen.

✧ Es unterstützt dabei, einen harmonischeren und kreativeren Alltag zu leben.

✧ Es schenkt tieferes Einfühlungsvermögen, Mitgefühl und kreativere Beziehungen, da wir lernen, uns selbst so zu sehen, wie andere dies tun, und andere so wahrzunehmen, wie sie wirklich sind.

✧ Es verhilft uns zu der Erkenntnis, daß wir uns unsere Persönlichkeit nicht »erkämpfen« müssen, sondern uns mit ihr anfreunden, sie verstehen können. Auf diese Weise können wir sie für unser Wachstum nutzen.

✧ Es vertieft das Verständnis dafür, wie unsere Persönlichkeit funktioniert und daß sie der Schlüssel zu unserem persönlichen spirituellen Weg ist, unabhängig davon, welche religiösen Vorstellungen wir haben.

Über dieses Buch

Dieses Buch ist eine Einführung in die Arbeit mit dem Enneagramm. Mit seiner Hilfe werden Sie erfahren, was das Enneagramm der Persönlichkeitstypen ist und wie es funktioniert, welche neun Persönlichkeitstypen es gibt, wie sie sich unterscheiden und aufeinander einwirken und wie Sie Ihr neu erworbenes Wissen sinnvoll zum Einsatz bringen können.

Wenn Sie sich selbst gegenüber ehrlich sind, dann sollte es Ihnen im Verlauf der Lektüre möglich sein herauszufinden, welcher Persönlichkeitstyp Sie sind. Damit eröffnen sich Ihnen neue Türen zu Ihrem Selbst, und Sie haben die Gelegenheit, Ihre neuen Erkenntnisse für Ihr persönliches Wachstum zu nutzen. Nach und nach werden Sie die neun Typen auch in Ihren Freunden und Kollegen erkennen und lernen, wie Sie sinnvoller mit ihnen kommunizieren können. Selbst dann, wenn Sie sich mit jenen Typen befassen, in denen Sie sich nicht wiedererkennen, erfahren Sie durch den Gegensatz etwas Neues über sich selbst.

Ein Buch wie dieses kann die einzelnen Typen selbstverständlich nur skizzieren, und ich mußte auf ausführliche Erklärungen verzichten. Die Zitate geben wieder, was »normale« Zugehörige zu den entsprechenden Typen beschrieben haben, und obgleich jeder seinen Typ anders manifestiert, werden Sie sich schon bald in ihren Schilderungen entdecken.

Die mündliche Tradition

Die Weisheit des Enneagramms ist über Jahrhunderte hinweg immer nur mündlich, vom Meister an den Schüler weitergegeben worden; erst seit kurzem, seit etwa zehn Jahren, werden mehr und mehr Bücher zu diesem Thema veröffentlicht. Wir lernen jedoch nur durch die Erfahrungen des einzelnen, was es heißt, Mensch zu sein, und nicht durch Theorien, seien sie auch noch so elegant. Am besten vermögen wir uns selbst und andere zu kennen, indem wir aktiv Anteil nehmen und die Bedeutung unserer jeweiligen persönlichen Geschichte erforschen.

Die derzeitige mündliche Tradition in der Enneagramm-Arbeit wurde von der Psychologin Helen Palmer maßgeblich entwickelt und basiert auf Workshops, in denen Menschen, die ihren Persönlichkeitstyp herausgefunden haben, über sich selbst reden und durch geschickte Selbsterforschung das Verständnis der Teilnehmer für den besagten Typ erweitern. Alles, was ich hier aufgeschrieben habe, wurde durch die Selbstbeobachtung und Enthüllung Tausender von Menschen bestätigt, so wie es die Zitate wiedergeben.

Kurze Geschichte des Enneagramms

Der neunzackige Enneagramm-Stern ist ein uraltes Diagramm und keine willkürliche Erfindung, auch wenn niemand seinen genauen Ursprung kennt. Es verknüpft die esoterischen Gesetze der Drei und der Sieben miteinander, ist wahrscheinlich mit Pythagoras' neuntem Siegel identisch, welches die menschliche Natur symbolisiert. Manche Forscher bringen sogar alte Steinkreise mit dem mathematischen Gehalt des Enneagramms in Verbindung.

In diesem Buch geht es allerdings ausschließlich um das Persönlichkeitssystem, welches das Enneagramm darstellt und von dem man weiß, daß christliche Mystiker es in der Tradition der »Wüstenväter« im dritten und vierten Jahrhundert genutzt haben, um unter Verwendung der Persönlichkeitsmerkmale, die das Diagramm zeigt, Laster in Tugend zu verwandeln. In modifizierter Form ist das Enneagramm mit seinen neun Persönlichkeitstypen seit über 1400 Jahren auch in der muslimischen Mystik, bei den Sufis, ein Eckstein der ethischen Erziehung. Es gibt eine Anekdote, in welcher der russische Freund eines Freundes behauptet, seine georgische Großmutter habe ihn im

Gebrauch des Enneagramms unterwiesen und ihrerseits ebenfalls auf mündlichem Wege davon erfahren.

In den zwanziger Jahren dieses Jahrhunderts brachte G. I. Gurdjieff, ein Mystiker und spiritueller Lehrer, das Enneagramm nach Europa. Er teilte mit, er habe es bei den Sufis in Afghanistan kennengelernt, die es als esoterische Weisheit betrachteten. Gurdjieff lehrte einzelne Bewegungsabläufe, die in Beziehung zu dem Diagramm stehen, aber keine Persönlichkeitstypen, da er der Auffassung war, daß die Schüler ihren eigenen Typ nicht würden erkennen können, weil er das Fundament für die Persönlichkeit ist und daher vor ihr verborgen bleiben muß. Er wies lediglich darauf hin, daß es neun »Hauptcharaktere« im Menschen gebe und daß jeder Mensch einen von ihnen zur Grundlage seiner Persönlichkeit habe.

Die Enneagramm-Lehre blieb geheim, bis Ende der sechziger Jahre Oscar Ichazo im chilenischen Arica ein intensives psychospirituelles Trainingsprogramm ins Leben rief, welches einen Großteil der esoterischen Weisheit dieses Diagramms einschloß. Er war es, der die korrekten Schlüsselworte der »Leidenschaften« jedem der neun Punkte zuordnete. Viele heute berühmte Persönlichkeiten nahmen damals an diesem Training teil und schrieben später darüber, unter ihnen John Lilly, Joseph Hart und Claudio Naranjo.

Naranjo brachte das noch immer sehr rudimentäre System nach Kalifornien und erforschte in einer Serie von Workshops die Persönlichkeitstypen des Diagramms mit der Unterstützung von Menschen, die sich in dem System wiedererkannten. Helen Palmer, wie Naranjo eine im transpersonellen Bereich arbeitende Psychologin, und Bob Ochs, ein Jesuitenpater, bauten das Wissen, das Naranjo ihnen vermittelt hatte, maßgeblich aus und lehren seither auf ihre eigene, typische Weise; Helen Palmer ist es zu verdanken, daß Naranjos ursprüngliche Vorstellung des Enneagramms als Mittel der Selbstanalyse für den Suchenden eine erhebliche Erweiterung erfahren hat. Ausgehend von diesen Quellen verbreitete sich das Enneagramm weltweit, und die Jesuiten brachten es auch nach Deutschland.

1989 fand die erste deutsche Enneagramm-Tagung statt; seither hat es sich durch Bücher und Seminaren rasch verbreitet.

So lesen Sie dieses Buch

Ich habe mich bemüht, jedes Kapitel so aufzubauen, als beantwortete ich Fragen, die Ihnen vielleicht einfallen. Das erste Kapitel befaßt sich in dreierlei Hinsicht mit der Struktur des Enneagramms.

✧ Auf welche Weise läßt die grundlegende Struktur es zu, Typen zu definieren.
✧ Auf welche Weise ermöglicht es das Diagramm, daß Menschen des gleichen Typs dennoch sehr unterschiedlich zu sein scheinen, und wie werden sie von verschiedenen Umständen beeinflußt.
✧ Auf welche Weise ist das Enneagramm ein Mittel des psychologischen und spirituellen Wachstums.

Dem ersten Abschnitt folgt eine Reihe von Kapiteln, in denen die neun Persönlichkeitstypen abgehandelt werden. Jedes Kapitel folgt demselben Aufbau.

✧ Welche Eigenschaften scheint die genannte Persönlichkeit zu haben, welches sind ihre Extreme.
✧ Die Geistesgewohnheiten und die zugrundeliegenden Belange des Typs.
✧ Die Auswirkungen von Streß und Entspannung auf diesen Persönlichkeitstyp.
✧ Das Verhalten in Beziehungen.
✧ Hinweise und Anregungen für das persönliche Wachstum.
✧ Was Freunde tun können, um das Wachstum zu fördern.
✧ Die höheren Aspekte dieses Persönlichkeitstyps.

Im Anschluß folgt ein Kapitel, welches hilft, zwischen scheinbar ähnlichen Persönlichkeitstypen zu unterscheiden, ein weiteres, welches die Kommunikation zwischen den Typen verbessern soll, und schließlich einige Vorschläge, wie man weiter vorgehen könnte.

Manche Leser werden es vorziehen, das Buch von vorn bis hinten durchzulesen, bevor sie ihren Persönlichkeitstyp bestimmen; anderen wird die im folgenden beschriebene Vorgehensweise vielleicht eher entsprechen.

Beides zeigt gute Ergebnisse, entscheiden Sie also frei nach Ihrem Willen.

✧ Lesen Sie noch das nachfolgende Kapitel, damit Sie begreifen, wie das Enneagramm funktioniert.

✧ Überprüfen Sie die »Übersicht der Persönlichkeitstypen« (Seite 22ff.) unter dem Gesichtspunkt, welcher Typ auf Sie zutreffen könnte.

✧ Lesen Sie das entsprechende Kapitel.

✧ Beobachten Sie sich selbst als handelnde Person, bevor Sie eine endgültige Entscheidung treffen. Bedenken Sie dabei, daß wir alle von dem Bild beeinflußt werden, das wir uns von unserer Person erträumen.

✧ Wenn Sie sich nicht sicher sind, dann lesen Sie das Kapitel über ähnliche Persönlichkeitstypen.

✧ Lesen Sie erneut das erste Kapitel, um die Feinheiten Ihres und anderer Menschen Typen besser zu verstehen.

✧ Lesen Sie das Kapitel über Kommunikationsverbesserung zwischen den Typen.

✧ Leisten Sie den Vorschlägen für Ihr weiteres Vorgehen Folge und beobachten Sie, was geschieht.

Wenn Sie den Typ Ihrer Mitmenschen bestimmen wollen, dann folgen Sie dem gleichen Verfahren: Lesen Sie erst die »Übersicht der Persönlichkeitstypen« und überprüfen Sie, welcher zutreffen könnte. Befragen Sie den Menschen, den Sie einordnen möchten, denn er kennt sich selbst am besten.

Um ein tieferes Verständnis des Enneagramms zu erlangen, lesen Sie das Buch ein weiteres Mal durch, arbeiten mit den Diagrammen und beziehen das, was Sie in dem Buch erfahren haben, auf sich und Ihre Mitmenschen. Ihre Entdeckungen werden Sie überraschen.

Wie das Enneagramm funktioniert

Wir alle sind einzigartig. Das Enneagramm beschreibt neun Persönlichkeitstypen, von denen keiner besser oder schlechter als der andere ist, jedoch erkennbar und auffallend anders auf die Welt reagiert. Auf dem Planeten Erde leben etwa fünf Billionen Menschen, mithin gehören vermutlich mindestens eine halbe Billion Menschen ein und demselben Enneagramm-Typ an. Dennoch sind wir einzigartig, und das Enneagramm ist flexibel genug, um dies zuzulassen. Unser *Persönlichkeitstyp* ist erkennbar, doch unsere *Persönlichkeit* – die Erfahrungen, Erinnerungen, Träume und Bestrebungen und was wir mit ihnen tun – gehört nur uns selbst.

Dieses Buch befaßt sich vor allem mit dem psychologischen Aspekt des Typs. Obgleich das Enneagramm die Aspekte höherer Bewußtheit für jeden Typ beschreibt (worin sich seine Potenz zeigt), müssen wir zunächst mit dem Offensichtlichen beginnen. Auf dieser Ebene ist es jedem Menschen möglich, sich selbst zu erkennen, denn wir werden tagtäglich mit unserer Persönlichkeit konfrontiert. An diesem Punkt beginnt das Bemühen, sich selbst und andere besser zu begreifen.

Die erste Aufgabe besteht also darin, sich selbst in den folgenden Seiten wiederzuerkennen. Wenn Sie Ihren verborgenen Typ, der sich wie ein roter Faden durch Ihr Leben zieht, herausfinden, wird das für Sie wie ein Aha-Erlebnis sein. Vielleicht spüren Sie auch ein Gefühl der Erleichterung oder ein reuevolles Unbehagen. Manchmal kommt das Erkennen des eigenen Typs auch in dem Satz zum Ausdruck: »O, nein, das ist der Typ, der ich auf keinen Fall sein wollte!« Wenn Sie Ihren Typ herausfinden, dann schließen Sie keinen aus, weil er sich nicht mit der Person deckt, die Sie gerne sein würden: Es könnte sich um genau denjenigen handeln, den Sie näher untersuchen sollten.

Die Struktur des Enneagramms

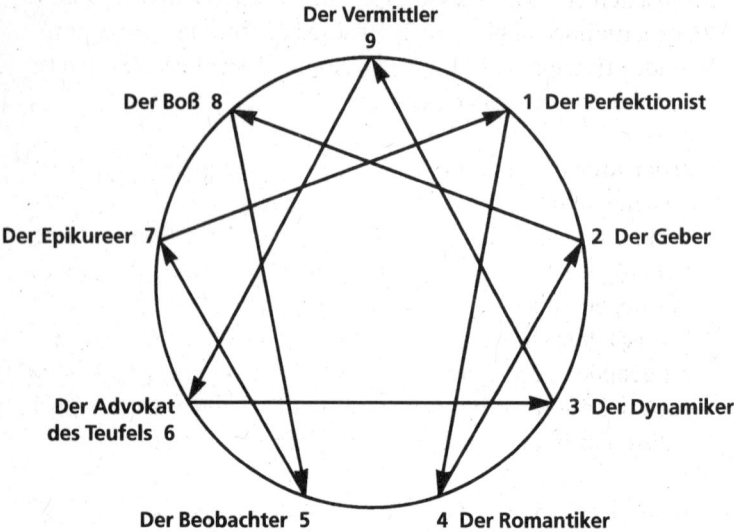

Die Form des Diagramms steht im Zentrum der Enneagramm-Lehre. Jeder Mensch besitzt einen Grundtyp, der unveränderlich ist. Die Verbindungslinien zeigen jedoch, welchen Veränderungen jeder Typ unter Streß oder in der Entspannung unterworfen ist (und gestatten so die Vorhersage, wie die Typen sich gegenseitig beeinflussen), während die Kreislinie die Einwirkung des linken und rechten Typs, der Flügel ins Spiel bringt. Darüber hinaus besitzt jeder Typ drei klar umrissene Varianten, die sogenannten Subtypen.

All dies in Verbindung mit unseren Lebensumständen in der Kindheit und unserem individuellen Stand der Selbsterkenntnis erklärt, daß zwei Menschen ein und derselbe Enneagramm-Typ sein und doch auf den ersten Blick verschiedene Persönlichkeiten besitzen können.

Grundlegende Persönlichkeitstypen

Inzwischen ist es allgemein bekannt, daß jeder Mensch seine Wahrnehmungen filtert und individuell interpretiert. Das grundlegende Prinzip des Enneagramms ist es, diese Mechanismen zu erkennen und mit ihnen zu arbeiten.

✧ Jeder Mensch besitzt einen von neun möglichen »Filtern«, welcher dem Leben eine ganz bestimmte Richtung gibt. Er bewirkt eine zur Gewohnheit gewordene Blickrichtung, die so tief eingebettet ist, daß sie der bewußten Wahrnehmung in der Regel entgeht.

✧ Dieser Filter wurde nicht zufällig entwickelt. Er hat sich herausgebildet, um einen bestimmten Aspekt unserer Essenz (unser höheres oder göttliches Selbst) zu schützen. Unser Selbst, das in der Kindheit besonders verletzbar war.

Um mit der Außenwelt zurechtzukommen, um uns vor äußeren Bedrohungen zu schützen, haben wir schon als Kinder Strategien entwickelt. Diese sind mit dem Erwachsenwerden zu unserer Persönlichkeit und unserer Sichtweise von Menschen und Dingen geworden.

Die Art, wie wir andere Menschen beurteilen und Ereignisse interpretieren, wird davon gefärbt, und häufig beruhen unsere Entscheidungen und Handlungen auf diesen Strategien. Es ist ein einzigartiger und ermutigender Aspekt der Enneagramm-Lehre, daß diese »erworbene« Persönlichkeit unser höheres Selbst oder die Essenz wie ein Spiegel reflektiert. Sie ist kein Feind, den wir besiegen müssen, sondern unser bester Freund, der uns zeigt, welche Lernschritte wir wie zu bewältigen haben.

Die Namen der einzelnen Typen unterscheiden sich geringfügig von Lehrer zu Lehrer. Sie sind eine Art Abkürzung für ein umfassendes Persönlichkeitsbild. Manche bezeichnen die Typen nur mit ihren Nummern, anderen ist dies zu unpersönlich, und sie wählen daher Namen aus.

Typ Eins: Der Perfektionist

Sich selbst und anderen Menschen kritisch begegnend, besitzen Einser eine ganze Liste von Richtlinien, die mit: »Du sollst ...« oder: »Du sollst nicht ...« beginnen. Sie nehmen Verantwortung sehr ernst und hegen den Wunsch, alles, was sie tun, möglichst vollkommen zu erledigen. Es fällt ihnen schwer, sich Freude um der Freude willen zuzugestehen, da sie ihr Verhalten an sehr hohen Richtlinien messen und immer das Gefühl haben, daß es noch mehr zu tun gibt. Mitunter zaudern sie aus der Angst heraus, etwas nicht mit der gewünschten Perfektion zum Abschluß zu bringen. Da sie sich moralisch überlegen fühlen, können Einser auf solche Menschen ärgerlich reagieren, die sich nicht an die Spielregeln halten wollen, vor allem dann, wenn sie damit durchkommen. Einser sind ausgezeichnete Organisatoren: Sie erkennen mit einem Blick, was verändert und getan werden muß, um etwas zum Erfolg zu führen.

Typ Zwei: Der Geber

Zweier sind aktiv, hilfreich, im allgemeinen optimistisch und großzügig mit ihrer Zeit, Energie und mit ihrem Besitz. Da es ihnen schwerfällt, ihre eigenen Bedürfnisse zu erkennen oder um Hilfe zu bitten, zieht es sie unbewußt zu Beziehungen hin, in denen sie auf ihre Kosten kommen, und sie fühlen sich dann am besten, wenn sie unentbehrlich sind. Da sie für die Bedürfnisse und Emotionen anderer Menschen sehr sensibel sind, gelingt es ihnen, genau den Persönlichkeitsaspekt zum Ausdruck zu bringen, der andere zu ihnen führt. Zweiern fällt es leichter zu geben als zu nehmen. Manchmal kann ihnen dies einen manipulativen Zug verleihen, wenn ihr Geben um einer entsprechenden Reaktion willen erfolgt, oder aber aufrichtiges Interesse und Unterstützung widerspiegeln. Ihr natürliches Einfühlungsvermögen befähigt sie, genau das zu geben, was ein anderer für seinen Erfolg und sein Wohlergehen tatsächlich braucht.

Typ Drei: Der Dynamiker

Als die energischen Arbeitsbienen, die sie sind, streben Dreier nach Erfolg, um Status und Anerkennung zu erlangen. Sie sind wettbewerbsorientiert, begreifen Konkurrenz jedoch als Ausdruck ihrer Liebe zur Herausforderung und nicht als Wunsch, andere zu besiegen. Da sie anstreben, in allem, was sie anpacken, erfolgreich zu sein – sei es als Eltern, Ehepartner, Geschäftsmann/-frau, Mitspieler, Aussteiger oder Therapeut –, passen sie ihr Image den Bedürfnissen ihrer Mitmenschen an. Obgleich sie den Zugang zu ihrer Gefühlswelt verloren haben, da diese ihren Leistungen im Weg steht, können sie auf Verlangen die passenden Gefühle zur Schau stellen. Dreier sind unermüdlich und unbeirrbar im Verfolgen ihrer Ziele. Sie eignen sich hervorragend als Gruppenführer, denn sie können in ihren Mitmenschen den Glauben erwecken, daß alles möglich ist.

Typ Vier: Der Romantiker

Künstlerisch, leidenschaftlich, immer auf der Suche nach dem idealen Partner oder der ultimativen Beschäftigung leben Vierer mit dem Gefühl, daß etwas Entscheidendes in ihrem Leben fehlt. Da sie meinen, erst dann vollständig zu sein, wenn sie den »richtigen« Partner gefunden haben, laufen sie Gefahr, das Unerreichbare zu idealisieren und das Naheliegende geringzuschätzen. Vierer werden von den Höhen und Tiefen emotionaler Erfahrungen angezogen und fühlen den Drang, sich als einzigartige Wesen zum Ausdruck zu bringen. Obgleich sie sich leicht in den Netzen ihrer eigenen Gefühle verfangen, können sie ihren Mitmenschen in emotionalen Krisen einfühlsam und unterstützend zur Seite stehen.

Typ Fünf: Der Beobachter

Da sie emotionale Verwicklungen vermeiden, beobachten Fünfer das Leben aus der Distanz, ohne sich einzubringen. Sie brauchen Zurückgezogenheit und viel Zeit, um ihre Erfahrungen zu verarbeiten, und um Gefühle, die sie in Situationen unterdrücken, in denen es heiß hergeht, in einem sicheren Umfeld ausleben zu können. Ansonsten würden sie von ihren Ängsten überwältigt werden und sich ausgelaugt fühlen. Ein reges Geistesleben ist ihnen sehr wichtig und oft verfügen sie über ein recht spezialisiertes Wissen. Zwar sind Fünfer keine Freunde von vorhersagbarer Routine, aber sie gliedern ihr Leben in Abschnitte und wissen gerne schon vorher, was im Beruf oder in der Freizeit von ihnen erwartet wird. Sie sind ausgezeichnet dazu in der Lage, Entscheidungen zu treffen, und erweisen sich oft als kreative Intellektuelle.

Typ Sechs: Der Advokat des Teufels

Obwohl ihm seine Ängstlichkeit vielleicht nicht bewußt ist, empfindet der Sechser die Welt als Bedrohung. Er überprüft ständig alles auf einen möglichen negativen Einfluß und stellt sich immer die schlimmstmöglichen Ergebnisse vor, um gewappnet zu sein. Zaudern und Mißtrauen gegenüber den Motiven seiner Mitmenschen kann die Folge seiner zweifelnden Geisteshaltung sein. Sechser haben eine Abneigung gegen Autoritäten oder fürchten sie. Sie machen sich gerne die Sache der Unterdrückten zu eigen und können sich in verantwortlicher Situation oder bei fortwährendem Erfolg nicht entspannen. Manche Sechser ziehen sich abrupt zurück, um sich vor Bedrohung zu schützen; andere nehmen sie vorweg, indem sie sich ihr stellen und erscheinen dann recht aggressiv. Wem sie ihr Vertrauen schenken, dem gegenüber erweisen sie sich als loyale und zuverlässige Freunde.

Typ Sieben: Der Epikureer

Siebener sind optimistisch, kraftvoll, charmant und schwer zu fassen. Sie haben ähnliche Eigenschaften wie Peter Pan, hassen es, in die Falle gelockt oder zu irgend etwas gezwungen zu werden, und versuchen, sich so viele angenehme Möglichkeiten offenzuhalten wie möglich. In unangenehmen Situationen flüchten sie sich in erfreulichere Phantasien. Siebener sind zukunftsorientiert und besitzen feste Vorstellungen davon, was sie erreichen wollen, und bringen sie immer dann auf den neuesten Stand, wenn sich neue Möglichkeiten zeigen. Ihr ausgeprägtes Bedürfnis nach einer angenehmen Lebensführung verleitet sie dazu, die Realität zu verfremden und negative Gefühle wie mögliche Angriffe auf ihr Selbstbild auszuschließen. Sie haben Spaß an neuen Erfahrungen, neuen Menschen und Ideen und sie können sich als kreative Netzwerker, Synthetiker und Theoretiker erweisen.

Typ Acht: Der Boß

Anmaßend und manchmal aggressiv treten Achter dem Leben mit einer Alles-oder-nichts-Einstellung entgegen. Häufig in der Anführerrolle oder aber von einem grimmigen Unabhängigkeitsdrang getrieben, können sie Freunden und Menschen gegenüber, die sich in ihrer Obhut befinden, einen starken Beschützerinstinkt entwickeln. Sie wissen, was sie denken, befassen sich mit Recht und Gerechtigkeit und sind bereit, dafür zu kämpfen. Achter können bei der Suche nach Vergnügungen, wobei es sich vom Ausgehen mit Freunden bis hin zur intellektuellen Diskussion handeln kann, exzessiv sein. Da sie ihre Begabungen genau kennen, lassen sie es nicht zu, von anderen Menschen kontrolliert zu werden, und können leicht dominierend wirken. Achter setzen ihre Kräfte für die treue und unermüdliche Unterstützung einer Sache ein, die es wert ist.

Typ Neun: Der Vermittler

Neuner sind typische Friedensstifter. Hervorragend darin, den Standpunkt aller anderen zu erkennen, gelingt es ihnen nicht so leicht herauszufinden, was sie selbst denken oder wollen. Sie sehnen sich nach einem harmonischen und bequemen Leben und schließen sich daher den Vorstellungen anderer an, um keinen Konflikt heraufzubeschwören. Setzt man sie jedoch unter Druck, dann können sie dickköpfig sein und manchmal auch zornig werden. In der Regel sind sie äußerst aktiv und verfolgen zahlreiche Interessen, widmen sich ihren Prioritäten jedoch oft erst in der letzten Minute. Außerdem haben Neuner die Tendenz, sich mit weniger wichtigen Tätigkeiten wie Lesen, Freunde treffen und Videos ansehen lahm zu legen. Neuner sind gute Schiedsrichter und Verhandlungspartner und vermögen einem Gruppenprojekt eine Richtung zu geben.

Kopf, Herz und Bauch im Enneagramm

Der Mensch erlebt die Welt auf drei verschiedenen Wahrnehmungsebenen: auf jener des Denkens, des Fühlens und des Triebs. Wie jede andere mystische Tradition kennt auch das Enneagramm drei körperliche Zentren der Wahrnehmung und Intelligenz – Kopf, Herz und Bauch –, welche diese Erfahrungen zugänglich machen.

Jeder Mensch bedient sich aller drei Ebenen (siehe nächsten Abschnitt), aber die einzelnen Enneagramm-Typen bevorzugen eine von ihnen als ihren Hauptkanal der Wahrnehmung und Reaktion auf Ereignisse.

Das Enneagramm läßt sich daher in drei Drittel gliedern, wobei jedes Drittel mit einem der drei Wahrnehmungszentren in Beziehung steht. Jedes Zentrum weist seine spezifische Art auf, wie es auf das Leben reagiert. Entsprechende »negative« Gefühle und Sorgen werden mit ihm assoziiert. Die drei Enneagramm-Typen, die sich innerhalb eines Drittels befinden, sind jene, welche dieses Zentrum bevorzugen.

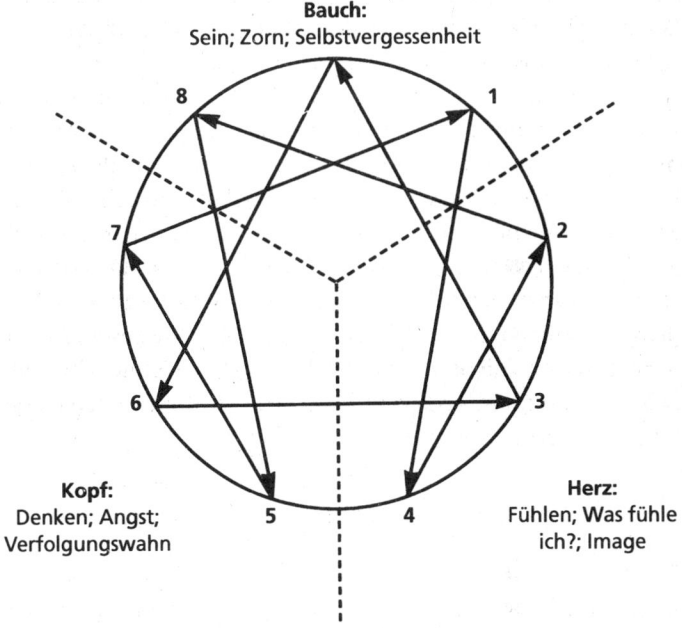

Bauch:
Sein; Zorn; Selbstvergessenheit

Kopf:
Denken; Angst;
Verfolgungswahn

Herz:
Fühlen; Was fühle
ich?; Image

Im *Kopfzentrum* leisten wir die Denkarbeit: Wir analysieren, erinnern, entwerfen Vorstellungen von Menschen und Ereignissen und planen zukünftige Handlungen. Dieses Zentrum steht mit dem dritten Auge oder Visualisationszentrum in Verbindung, welches zum Beispiel im tibetischen Buddhismus zum Tragen kommt.

Kopfgesteuerte Enneagramm-Typen (5, 6 und 7) reagieren auf das Leben mittels ihrer Gedankenkraft. Sie sind zu lebhaften Vorstellungen fähig und besitzen eine ausgeprägte Begabung, diese zu analysieren und zueinander in Beziehung zu setzen. Selbst die geselligsten unter ihnen behaupten, daß sie auch mit der Gesellschaft allein ihrer Gedanken vollkommen zufrieden sind. Für diese Enneagramm-Typen ist Denken eine wirkungsvolle (im allgemeinen unbewußte) Art, um der Angst in einer potentiell feindlichen Welt zu begegnen.

Im *Herzzentrum* erleben wir unsere Gefühle: Jene wortlosen Empfindungen, die uns sagen, wie wir eine Sache oder einen Menschen gefühlsmäßig einschätzen. Die Gefühle des Herzens umfassen die stärksten und dramatischsten bis hin zu den feinen, kaum wahrnehmbaren. Über dieses Zentrum fühlen wir uns mit anderen Menschen verbunden, sehnen uns aber auch nach Liebe und Erfüllung. Das Herzzentrum im Enneagramm ist identisch mit jenem, welches die Praktiken vieler verschiedener Religionen zu öffnen suchen.

Herzgesteuerte Enneagramm-Typen (2, 3 und 4) funktionieren in der Welt mittels Beziehungen und werden manchmal auch »Image-Typen« genannt, weil es ihnen so wichtig ist, wie andere Menschen sie wahrnehmen und sich auf sie beziehen. Sie nehmen rasch die Bedürfnisse und Stimmungen ihrer Mitmenschen wahr und reagieren, bewußt oder unbewußt, auf sie. Erfolgreiche Beziehungen dämmen das Gefühl von Leere und die Sehnsüchte ein, die typisch für dieses Zentrum sind.

Im *Bauchzentrum* (manchmal auch das Körperzentrum genannt) befindet sich die Intelligenz des Triebs oder, im Gegensatz zum Denken und Fühlen, das Spüren des Seins. Durch dieses Zentrum erleben wir uns selbst körperlich in der Beziehung zu anderen Menschen und unserer Umwelt. Es ist die Quelle unserer Energie und Kraft, mit der wir in der physischen Welt in Aktion treten. Das Bauchzentrum deckt sich mit dem japanischen Hara und dem chinesischen Dan Tian und steht im Mittelpunkt der Zen-Praktiken.

Bauchgesteuerte Enneagramm-Typen (8, 9 und 1), deren Aufmerksamkeit sich hauptsächlich auf das Sein richtet, »sind«

durch Handlung in der Welt. Ihre Triebe veranlassen sie zur Tat, und sie entscheiden und handeln selbst dann auf der Basis eines Gefühls im Bauch, wenn sie vorher alles gründlich durchdacht haben. Ihnen wird Selbstvergessenheit nachgesagt, da sie leicht ihre eigenen Prioritäten aus den Augen verlieren. Die Manifestierung in der Welt als Handelnder wird durch den Zorn, welchen Einser und Neuner bei seltenen Anlässen direkt zum Ausdruck bringen, gefördert und zugleich gemildert.

Kopf, Herz und Bauch in jedem Menschen

Obgleich jeder Mensch ein Wahrnehmungszentrum bevorzugt, besitzt er doch Kopf, Herz und Bauch und wird gleichermaßen von ihnen beeinflußt. Das Enneagramm-Modell berücksichtigt die unterschiedlichen Aspekte der Zentren im Menschen unabhängig von seiner Typzugehörigkeit.

Das Kopf- und das Herzzentrum beinhalten Eigenschaften, die auf der Persönlichkeit beruhen, und eine Art »heiliges Gegenstück«, welches einen bestimmten Aspekt des essentiellen Selbst verkörpert, der im Verlauf der Persönlichkeitsentwicklung verloren ging. Die Persönlichkeit schützt und verbirgt das essentielle Selbst. Wie ein Spiegel, der sein Gegenüber reflektiert, ahmt die Persönlichkeit den verlorenen Aspekt nach, indem sie ihn statt im Inneren in der Außenwelt sucht. Das Bauchzentrum kann eine Energiequelle für weiteres Wachstum sein, besitzt jedoch ebenfalls drei Elemente, die zur Persönlichkeit in Beziehung stehen und die Essenz verhüllen.

Den Aspekten der Zentren wurden der Einfachheit halber Namen gegeben. Auch wenn sie manchmal ein wenig archaisch klingen, so sind sie doch Bestandteil der ursprünglichen Enneagramm-Lehre und erfüllen ihren Zweck als Kürzel. Darüber hinaus weist jeder Enneagramm-Typ Schlüsselworte für die Aspekte der Zentren auf, die seine Persönlichkeit und den essentiellen Zustand seines Seins beschreiben. Die folgenden Diagramme verwenden Begriffe, die in den Kapiteln zu den einzelnen Typen noch näher erläutert werden.

Das Kopfzentrum:
Fixierung und die heilige Idee

Die Namen für die Aspekte des Kopfzentrums sind Fixierung, also die gewohnheitsmäßige geistige Beschäftigung der Persönlichkeit, und heilige Idee, der Zustand des Seins, der durch das Kopfzentrum erfahren statt durchdacht wird, wenn es von der Fixierung frei ist. Die Fixierung führt uns in eine Sackgasse, während die heilige Idee unsere Berufung ist.

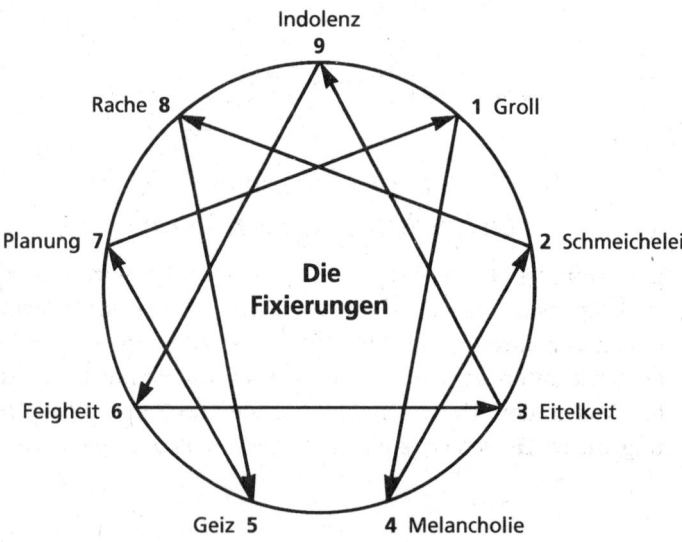

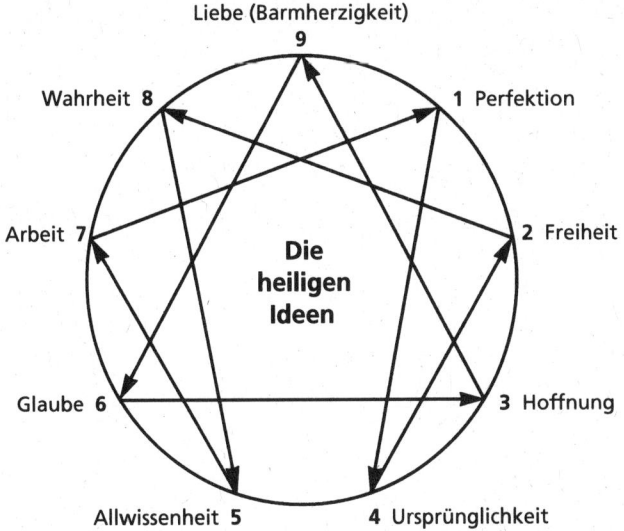

Das Herzzentrum:
Leidenschaft und heilige Tugend

Das, womit sich das Herzzentrum gewöhnlich vorrangig beschäftigt, wird seine Leidenschaft genannt. Die Kirchenväter waren sich dieses Aspekts bewußt, und daher entsprechen die Leidenschaften, ergänzt durch Angst und Täuschung, den sieben Todsünden. Der essentielle Zustand des Seins, die Befreiung, die im Herzen erfahren wird, heißt heilige Tugenden.

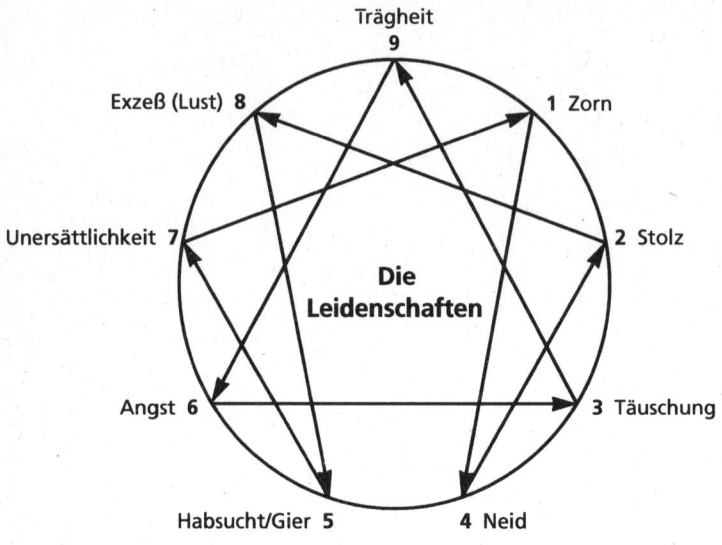

Die Leidenschaften

- Trägheit 9
- Zorn 1
- Stolz 2
- Täuschung 3
- Neid 4
- Habsucht/Gier 5
- Angst 6
- Unersättlichkeit 7
- Exzeß (Lust) 8

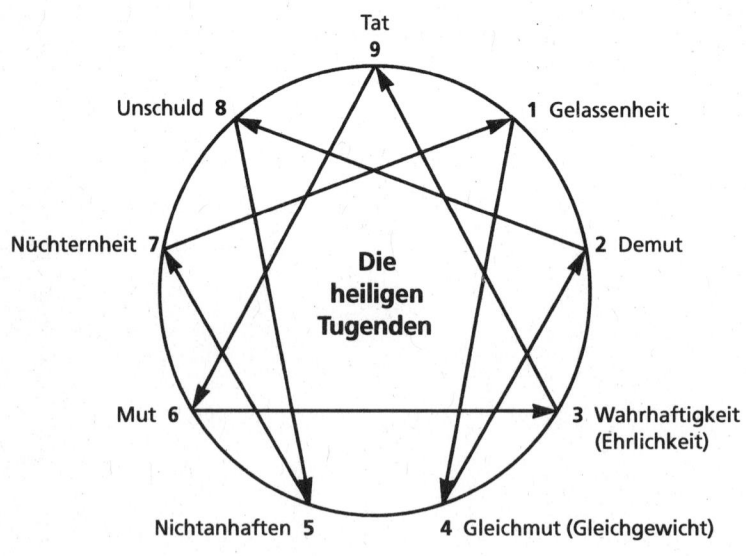

Die heiligen Tugenden

- Tat 9
- Gelassenheit 1
- Demut 2
- Wahrhaftigkeit (Ehrlichkeit) 3
- Gleichmut (Gleichgewicht) 4
- Nichtanhaften 5
- Mut 6
- Nüchternheit 7
- Unschuld 8

Das Bauchzentrum:
Die Subtypen

Das Bauchzentrum trägt zu unserer Persönlichkeit bei, indem es uns drei »Subtypen« oder instinktive Verhaltensmuster zur Verfügung stellt. Dabei handelt es sich um *Überlebensmechanismen*, die uns bei der *Selbsterhaltung*, bei *sozialer* Wechselwirkung und bei *sexuellen* Beziehungen helfen. Jeder Enneagramm-Typ hat seine eigene Art, wie er mit diesen Themen umgeht, und an dieser Stelle zeigt es sich, wie es möglich sein kann, daß Personen, die dem gleichen Enneagramm-Typ angehören, doch sehr unterschiedlich zu sein scheinen, denn das auf den Subtypen beruhende Verhalten überdeckt mitunter die normalerweise »typischen« Reaktionen.

Die meisten Menschen konzentrieren sich in der Regel auf einen der drei Bereiche, es sei denn, ihr Überleben in einem der anderen beiden ist bedroht. Dazu ein stark vereinfachtes Bei-

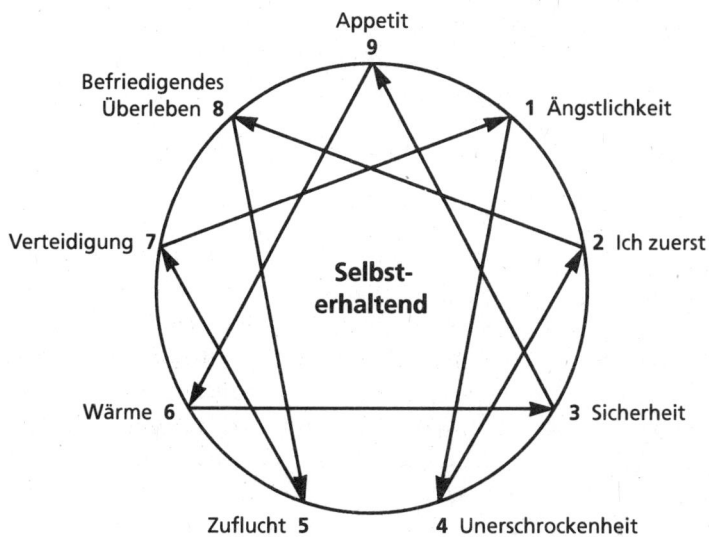

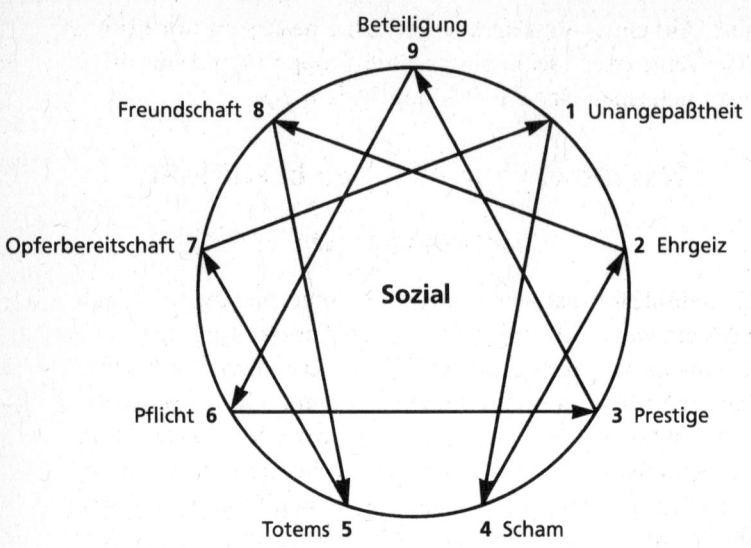

Sozial

- Beteiligung **9**
- Freundschaft **8**
- **1** Unangepaßtheit
- Opferbereitschaft **7**
- **2** Ehrgeiz
- Pflicht **6**
- **3** Prestige
- Totems **5**
- **4** Scham

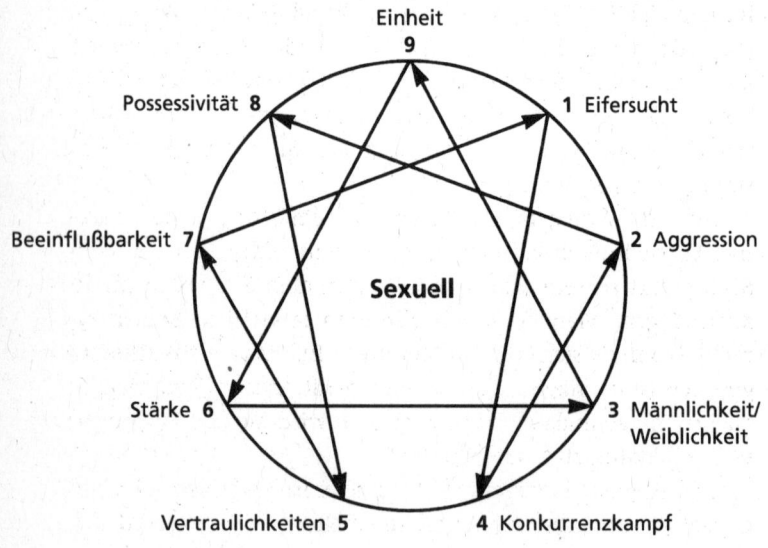

Sexuell

- Einheit **9**
- Possessivität **8**
- **1** Eifersucht
- Beeinflußbarkeit **7**
- **2** Aggression
- Stärke **6**
- **3** Männlichkeit/ Weiblichkeit
- Vertraulichkeiten **5**
- **4** Konkurrenzkampf

spiel: Auf einem Fest interessiert sich eine Person nur für das Essen, eine zweite schließt sich einer Gruppe an und eine dritte sucht sich einen einzelnen Gesprächspartner.

Was die einzelnen Typen beeinflußt

Streß und Sicherheit

Die Gefühle und das Verhalten des Menschen verändern sich jeweils ein wenig, abhängig davon, ob er unter Streß steht oder sich in einem sicheren und glücklichen Lebensabschnitt befindet. Die Verbindungslinien im Enneagramm zeigen die mentale und emotionale Verschiebung an, die wir unter solchen Umständen erleben. Der Pfeil zeigt vom Sicherheitspunkt auf unseren Typ und von uns aus weist er auf den Streßpunkt. Man wird nicht zu einem anderen Typ, weil man unter Streß steht oder sich in einer sicheren Position befindet: Man nimmt lediglich die Eigenschaften des fremden Typs an, behält jedoch die für den eigenen Typ typischen Sorgen und Belange. Wenn also jemand für lange Zeit Streß ausgesetzt ist oder sich sicher fühlen kann, dann gleicht er mitunter dem Streß- oder Sicherheitstyp sehr stark. Wenn Sie also den Enneagramm-Typ eines Menschen bestimmen wollen, dann müssen Sie seine Lebensumstände berücksichtigen.

Obwohl die meisten Menschen mit dem Wort »Streß« negative Vorstellungen verbinden, ist es nicht »schlecht«, auf dem Streßpunkt zu sein oder »besser«, sich dem Sicherheitspunkt anzunähern. Manche Typen kommen tatsächlich besser zurecht, wenn sie sich im Streß befinden. In bezug auf Wachstum gesehen ist es möglich, von beiden Positionen gleichermaßen zu lernen, wenn dabei nicht vergessen wird, sich auf die positiven Qualitäten zu konzentrieren.

Außerdem ist es wichtig, sich darüber im klaren zu sein, daß es viele Abstufungen von Streß und Sicherheit gibt und daß unterschiedliche Stufen auch unterschiedliche Auswirkungen zur Folge haben. So intensiviert beispielsweise »normaler« Streß, wie der eines überfrachteten Arbeitstags, lediglich das typische Verhalten. Die Bewegung hin zu einem anderen Typ findet nur dann statt, wenn der Streß oder das Gefühl von Sicherheit tief und anhaltend ist.

Die Flügel

Jeder Enneagramm-Typ besitzt zwei Flügel – die Typen, die sich auf dem Kreis links und rechts von ihm befinden –, die das Individuum darin beeinflussen, wie es seinen Typ manifestiert. Zum Beispiel kann ein Sechser manchmal der Fünf zuneigen und stärker in den Rückzug gehen oder sich mehr an der Sieben orientieren und verspielter werden.

Es gibt eine ganze Reihe von Theorien darüber, wie sich die Flügel auf den Typ auswirken. Nach meiner Erfahrung und den Befunden der zwanzigjährigen mündlichen Tradition zufolge ist der Einfluß der Flügel abhängig vom Individuum und kann daher nicht vorausbestimmt werden. Wenn Sie Ihre eigene Persönlichkeit betrachten, dann stellen Sie vielleicht fest, daß Sie immer einem der beiden Flügel zuneigen oder aber gar keinem oder mal dem einen und mal dem anderen.

Psychologisches und spirituelles Wachstum

Das Enneagramm ist ein Instrument großer Subtilität. Dennoch ist die zentrale Aussage, auf der es beruht, sehr einfach: Unsere Persönlichkeit hat sich entwickelt, um unser höheres Selbst zu schützen und ist untrennbar mit ihm verbunden.

Außerdem liegt ihm eine ebenfalls einfache Beobachtung zugrunde, auf der nicht nur das Enneagramm beruht: In unserem Inneren sind wir zwei »Personen«. Die eine ist die Persönlichkeit, die sich mit unseren Gedanken, Gefühlen und Empfindungen identifiziert; die andere ist der innere Beobachter. Dabei handelt es sich nicht um den Teil unserer Persönlichkeit, der unser Leben beobachtet und kommentiert, sondern um eine Bewußtheit, die weder Gedanke, Gefühl noch Empfindung darstellt und doch auf eine Weise unser Selbst *ist*, wie es unsere Persönlichkeit nicht sein kann.

Dieser Unterschied zwischen unserer psychologischen und unserer spirituellen Natur ist offensichtlich. Beide sind integrale Bestandteile unseres Selbst. Wir benötigen eine Persönlichkeit, die zwischen unserem höheren Selbst und der Welt vermittelt und uns hilft, Dinge zu erledigen. Aber wir müssen dennoch die wahre Natur unseres Selbst erkennen. Der innere Beobachter unterscheidet zwischen Persönlichkeit (die sich aus Erinnerungen, Vorstellungen, Plänen und Träumen zusammensetzt) und Essenz, und damit ist er der Schlüssel zum Wachstum.

Um etwas zu transformieren, muß man es zunächst kennen. Wenn man eine Reise machen will, dann ist es hilfreich, wenn man eine Karte von dem bewußten Terrain hat, damit man weiß, wo man sich gerade befindet, wo das angestrebte Ziel ist, wie der Weg dorthin aussieht und welchen Hindernissen man unter Umständen begegnen wird.

Damit ist Ihnen ein adäquates Bild des Enneagramms angeboten: Es ist eine Karte Ihres individuellen Terrains. Wenn Sie die Sahara durchqueren wollen, dann wird Ihnen gute Regenkleidung wenig dienlich sein. Gleichermaßen wird Ihre angstvolle Geisteshaltung Sie wenig im Kampf gegen Neid unterstützen. Zorn ist nur für manche Menschen ein Hauptanliegen ebenso wie Stolz oder andere Eigenschaften.

Gurdjieff hat gesagt, wenn es uns gelingt, unseren Hauptcharakterzug zu erkennen, dann ist ein Großteil der Arbeit bereits geleistet; und das Enneagramm liefert den Schlüssel dazu. Wenn wir unseren Typ erkannt haben, ist es uns mittels Selbstbeobachtung möglich, die automatischen Reaktionen der Persönlichkeit zu erkennen, deren Begrenzungen zu überwinden und unsere essentiellen Qualitäten zum Einsatz zu bringen. Auf diese Weise erlangen wir die Fähigkeit zurück, unvoreingenommen und im Einklang mit unserem Selbst auf das Leben zu reagieren.

Wenn wir begabt sind, dann kann uns der innere Beobachter dabei helfen, Verhaltensmuster aufzugeben und verborgene wie ungenutzte Potentiale ans Tageslicht zu bringen. Kennt man das Terrain, dann braucht man für seine Bemühungen weniger Kraft. Es geht nicht darum, die Persönlichkeit zu transzendieren oder sie zu unterwerfen, sondern darum, sich mit ihr anzufreunden und zu erkennen, in welche Richtung sie uns lenken will.

Und schließlich, ob wir nun die Arbeit des persönlichen Wachstums von einer psychologischen Seite, einer spirituellen oder von beiden gleichzeitig angehen: Probieren geht über Studieren und nur die persönliche Praxis vermag darüber zu entscheiden, welches der richtige Weg ist. Wir können versuchen zu verstehen, vor welchem Hintergrund wir aufgewachsen sind, oder täglich stundenlang meditieren. Nur wenn unsere Menschlichkeit zunimmt, unsere Bereitschaft zur Liebe wächst, nur wenn unsere täglichen Handlungen, Gedanken und Beziehungen harmonischer, liebevoller und kreativer werden, handelt es sich tatsächlich um persönliches Wachstum.

TYP EINS:

Der Perfektionist

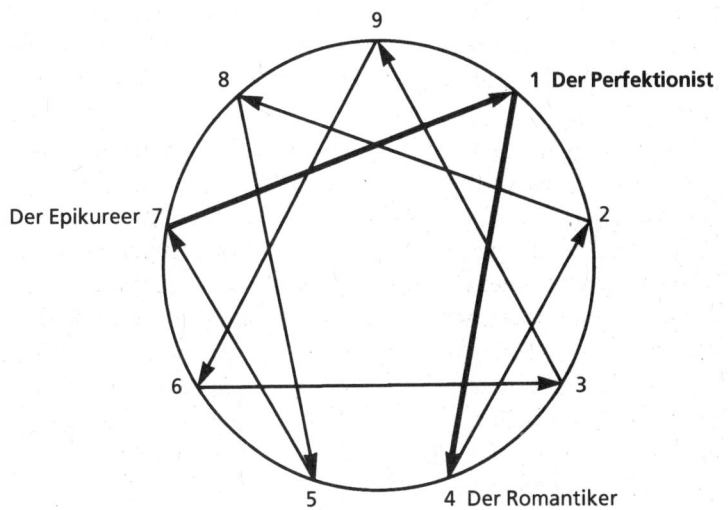

9

8

1 Der Perfektionist

Der Epikureer 7

2

6

3

5

4 Der Romantiker

Äußeres Erscheinungsbild

Einser sind verantwortungsbewußte, unabhängige, hart arbeitende Menschen, die sehr hohe Maßstäbe anlegen. Sie nehmen das Leben ernst und erscheinen daher leicht reizbar, angespannt, urteilend, kontrolliert, selbstgerecht und zwanghaft in ihrem Leben nach Perfektion.

Es fällt ihnen schwer, Kritik zu ertragen, dabei beurteilen sie sich selbst strenger, als andere dies tun, und sie können kaum

Komplimenten glauben oder die eigenen Verdienste anerkennen. In dem Bestreben, die Dinge richtig hinzubekommen und gemocht zu werden, wirken sie auffallend melancholisch unter ihrer Strenge.

Einser kümmern sich nicht um die Zeit. Ihre deutliche Wahrnehmung von Unvollkommenheit bewegt sie dazu, Verbesserungen anzustreben, und sie sind dazu auch dann bereit, wenn es sich um eine undankbare Aufgabe handelt, deren Ende nie in Sicht ist. Selbst ihre Freizeit, die nur gering bemessen ist, nutzen sie zur Weiterbildung. Sie haben Spaß an einer gut durchgeführten Arbeit.

»Das Tun selbst ist aufregend, ist kreativ. Die Integrität unserer Mannschaft ist groß, wir sind dafür bekannt, daß wir hohe Maßstäbe erfüllen. Anfangs wird lange geplant und nachgedacht, damit alles klappt – das vor allem macht Spaß. Die Dinge so zu machen, wie sie vorher geplant wurden, ist ebenfalls befriedigend. Die Einzelheiten sind wichtig – es ist das Handeln und nicht das Ziel, das zählt.«

Integrität und Authentizität sind Einsern wichtig. Ihre Sicht auf die Welt ist schwarzweiß, ohne daß es dazwischen Grauschattierungen gibt, und sie können sich eifrig für eine Sache in die Bresche werfen, wenn ihr Gerechtigkeitssinn verletzt wurde. Sie scheinen zu glauben, wenn sie sich nur genug anstrengen, dann können sie alles in Ordnung bringen, außerdem halten sie sich für die einzigen, die dazu überhaupt bereit sind.

Selbstkritik ist eine Konstante in ihrem Leben, und auch im Feedback ihrer Mitmenschen. Gleichgültig wie milde sie ausfällt, sie erwarten immer Kritik. Ihre Krittelei an anderen ist oft von Vorurteilen bestimmt, doch mag sich dahinter der Wunsch verbergen, etwas zu verbessern, von dem sie im Grunde wissen, daß es bereits den Anforderungen entspricht.

Obgleich sie voller Tatendrang sind, neigen Einser dazu zu

zaudern oder sich in den Details zu verlieren, weil sie unter der permanenten Furcht leiden, etwas falsch zu machen. Ihre Maßstäbe decken jeden Bereich des Lebens ab und sind bei jedem Einser auf besondere und persönliche Weise geprägt. Jedoch empfinden sie ihre Regeln als *die* Regeln überhaupt, und weil sie davon ausgehen, daß jeder sie kennen muß, ärgern sie sich darüber, wenn jemand sie bricht und nicht zur Rechenschaft gezogen wird.

»Wenn ich kritisiert werde oder wenn man mir nicht glaubt, dann arbeite ich entweder daran, mich zu verbessern, oder mein Ärger tritt zu Tage und ich denke: ›Du kapierst es eben nicht.‹«

Einser üben häufig Kritik an Autoritäten. Sie stellen hohe ethische Anforderungen und verlangen klare Richtlinien, um sich immer wieder an ihnen zu überprüfen. Haben sie eindeutige Instruktionen erhalten, dann werden sie ärgerlich, wenn sich diese scheinbar grundlos verändern. Guten Argumenten gegenüber sind sie jedoch zugänglich.

»Liegen jedoch gute Gründe für eine Änderung vor, dann können wir auch flexibel sein – vor allem wenn sich die Neuerung auf einen der gegebenen Parameter bezieht.«

In der Regel wirken Einser so, als ob sie alles unter Kontrolle haben, nicht nur ihre Handlungen und ihr Umfeld, sondern auch ihre Gefühle. Geht ihnen die Kontrolle verloren, dann geraten sie aus der Fassung. Nachdem sie so viel Energie aufgebracht haben, damit die Dinge richtig funktionieren, machen sie andere dafür verantwortlich, wenn etwas schiefläuft, doch Schuldzuweisungen sind unvereinbar mit Verantwortlichkeit.

»Ich halte meine Gefühle innerlich unter Kontrolle – meine Sorge ist, daß meine Gefühle nach außen gelangen und dann die Situa-

tion beeinflussen, oder die Reaktionen der anderen haben Aus-
wirkungen auf die Situation. Daher muß ich die Kontrolle be-
wahren. Ereignisse müssen nach meinen Vorstellungen ablaufen.
Kontrolle heißt, die Dinge so zum Laufen zu bekommen, wie sie
laufen sollen. Ich habe kein Interesse daran, meine Mitmenschen
zu kontrollieren. Meine Gefühle aber schon – denn wenn sie erst
einmal rauskommen, dann hören sie vielleicht nie mehr auf zu
fließen.«

Einser scheinen nicht viel Spaß am Leben zu haben. Doch finden sie Befriedigung zum Beispiel darin, anderen Menschen bei ihren Problemen zu helfen, sich selbst weiterzubilden oder in einem gelegentlichen perfekten Augenblick, den sie erleben.

> *»Ich habe Spaß daran, daß ich Dinge weiß, vor allem anspruchs-*
> *volle oder schwierige Dinge; an Kunst und Musik; an den sechs Se-*
> *kunden, in denen das Team wie ein Mann ruderte; an einfachen*
> *Dingen wie der Natur; an kleinen, vollkommenen Dingen – an*
> *einer Blume, die mir geschenkt wird.«*

Unbewußte Einser können zynisch, strafend, selbstgerecht, kalt, blindgläubig, kontrollierend, ängstlich oder zornig, besessen-zwanghaft, sarkastisch und dogmatisch sein. Als Beispiel könnte der fundamentalistische religiöse Eiferer dienen.

Bewußte Einser können belebend, fürsorglich, klug und ethisch gesinnt, selbstdiszipliniert, produktiv, urteilsfähig und gelassen sein. Wie aus einem warmen und schönen Heim heraus für das höchste menschliche Bestreben sind sie fähig, Vortrefflichkeit anzuerkennen und zu fördern.

Innere Anliegen und Kindheitsszenarios

Einser wurden sich in der Kindheit bewußt, daß man sie nicht als vollkommen empfand, und ihre ganze Aufmerksamkeit richtete sich in der Folge darauf, liebenswert zu werden. Sie berichten, daß ständig kritische Augen auf sie gerichtet waren, daß ihre Leistungen nie Anerkennung fanden und sie vielmehr aufgefordert wurden, sich zu verbessern. Möglicherweise haben sie offenkundig zornige oder kritisierende Eltern, oder aber sie haben einen Mangel an Liebe als Mißbilligung interpretiert. Mitunter waren Einser das älteste Kind, von dem erwartet wurde, daß es die Verantwortung für die jüngeren Geschwister übernehmen sollte.

Sie waren ganz von dem Bemühen in Anspruch genommen, »gut« zu werden. Als Kinder haben Einser den kritischen Blick verinnerlicht, sich ständig selbst beobachtet und versucht, möglicher Kritik zuvorzukommen, indem sie nichts taten, was als »falsch« hätte etikettiert werden können.

»Nur wenn ich perfekt gewesen wäre, hätte die ständige Krittelei meiner Eltern ein Ende gefunden. Sie wollten immer, daß ich irgendwelche Ziele erreichte, und dann war es nie gut genug – sie kommentierten meine Leistung kaum und gingen zum nächsten Punkt über. Es war kein Ruhm damit zu erlangen, wenn ich etwas geschafft hatte. Ich befand mich in einer nie stillstehenden Tretmühle. Liebe wurde nie erwähnt – einfach nur angenommen zu werden hätte mir schon genügt.«

Gefühle wurden zu etwas Gefährlichem. Sie lernten, sie als schlecht zu bewerten, und selbst angenehme Empfindungen konnten impulsive und falsche Handlungen auslösen. Je mehr sie unterdrückt wurden, desto schlechter schienen sie zu sein, folglich wuchs das Bedürfnis, sie zu verdrängen.

Da Einser auch weiterhin vor den Augen anderer »nicht bestehen« konnten, erweiterten sie ihren Regelkatalog. Ihr Selbst zu vergessen stand im Einklang mit dem Ersetzen intuitiver Wahrheiten und wirklicher Prioritäten durch aufgesetztes richtiges Verhalten und der Konzentration auf alles, was an ihnen selbst, an ihren Handlungen und in der vermeintlichen Außenwelt falsch war.

Leidenschaft und Fixierung

Zorn und Groll

Einser sind Bauchtypen, die ihre Gefühle zugunsten der Vernunft unterdrücken. *Zorn*, der in seiner reinsten Form eine befreiende, reinigende Energie ist, die Wachstum zu fördern vermag, ist das charakteristischste Gefühl von Bauchtypen und auch die vorrangige emotionale Beschäftigung der Einser. Doch selbst berichten sie, daß sie, wenn überhaupt, nur selten wütend sind, selbst wenn andere ihre Wut deutlich spüren können. Den ursprünglichen Zorn darüber, nicht wahrgenommen zu werden, haben sie unterdrückt und durch gegen sich selbst gerichtete Wut ersetzt, die nun ihre Ichlosigkeit und die Zensur ihrer Gefühle rechtfertigt.

Gelegentlich kommt tatsächlicher Zorn zum Ausbruch, in der Regel nach monate- oder jahrelanger Unterdrückung. Dies wird als sehr beängstigend empfunden, daß der Ausbruch die Macht der Anhäufung besitzt und in der Regel an die falsche Adresse gerichtet ist.

> *»Andere meinen, der Wutausbruch gelte ihnen, aber er kann sich bereits monatelang aufbauen und jetzt eben einfach hervorbrechen, ohne daß ich weiß, wo sein Ursprung liegt oder worum es eigentlich geht.«*

Andere Gefühle werden ebenfalls unterdrückt, obgleich manche Einser eine Art »Falltür« zwischen ihren Gefühlen und ihrem richtigen Verstand besitzen. Von Zeit zu Zeit gönnen sie sich an einem Ort, wo sie nicht beobachtet und abgeurteilt werden können, eine Pause und haben einfach Spaß.

Manche empfinden den Griff des inneren Kritikers als so stark, daß ihre Angst vor diesen Phasen der Befreiung Gedächtnisverlust verursacht.

Groll ist rationalisierter Zorn und für den Einser leichter zu durchschauen. Eine nicht hinnehmbare Raserei wird in annehmbare Gedanken, in Frustration, Reizbarkeit und Groll verwandelt. Solche Gefühle können gerechtfertigt werden, denn äußere Umstände sind für sie »verantwortlich«.

Das Leben im Kopf erscheint den Einsern als sichere Sache und ermöglicht das ununterbrochene Abklopfen der gespeicherten Regeln. Einser vergleichen sich ununterbrochen mit anderen wie auch mit ihrer inneren Zielvorstellung von sich.

»Ich weiß bei allen ganz genau, ob ich besser oder schlechter bin als sie. Beides macht mich gleichermaßen wütend.«

Gewohnheitsmäßiges Grollen gestattet es ihnen, ihren Zorn auf die Außenwelt zu projizieren.

»Als ich jung war, geriet ich in Schwierigkeiten, weil ich in meiner Weltsicht außerordentlich intolerant war. Die Leute taten Dinge nicht nur auf die falsche Weise – Dummköpfe konnte ich nur schwer ertragen –, sondern sie schienen dies mit Absicht zu tun. Ich fand, die Hälfte der Leute, die ich kannte, gehörten entweder weggesperrt oder gefeuert. Erst in den letzten Jahren ist mir klar geworden, daß mein Weg nicht der einzige ist und daß ich vielleicht einen Großteil meiner Probleme selbst verursacht habe.«

Manche Einser bringen ihren Groll in offener Kritik und Gereiztheit zum Ausdruck; andere folgen den Regeln peinlich genau, um zu demonstrieren, wie gehandelt werden *sollte*.

Streß

Unter Streß übernehmen Einser den emotionalen Idealismus der Vierer und heben dabei ihre Auffassung hervor, daß Perfektion unerreichbar ist und daß sie irgendwie unwürdig sind. Ihre Aufmerksamkeit verlagert sich auf Beziehungen oder Gefühle und auf ihre Vermutung, daß sie es nicht wert sind, geliebt zu werden. Mitunter sind sie depressiv, da sie sich wertlos fühlen und sicher sind, daß sie es nie richtig hinbekommen – also hat das Leben keinen Sinn.

> »Wenn ich nur wüßte, wie ich es richtig anstellen soll, bestimmt würde sie mich dann lieben ... Wenn ich Fehler habe, dann wird mich niemand lieben, denn wie sollte man mich lieben, wenn ich nicht perfekt bin? Aber ohne ihre Liebe kann ich nichts Bedeutsames tun, also ist es unmöglich. Es gibt nichts, worin ich noch einen Sinn sehen könnte. Ich habe immer nur die Dinge vor Augen, die ich nicht perfekt bewältigt habe ... mir erscheint alles so hoffnungslos.«

Auf der positiven Seite kann das Übernehmen von Viererqualitäten die Wertschätzung und Sehnsucht des Einsers nach Perfektion fördern und ihm seine Gefühlswelt eröffnen. Sie sagen, daß selbst die schwärzesten Gefühle eine Erleichterung und ein ästhetischer Genuß sein können.

Sicherheit

Manche Einser erkennen den Siebener kaum in ihrem Charakter, selbst dann nicht, wenn sie sich in einer sicheren Beziehung befinden. Andere sind froh, wenn sie von ihrem inneren Kritiker ab und zu in Ruhe gelassen werden und suchen sich Siebener als Freunde. Wenn sie es sich gestatten, sich in die Sicherheit hinein zu entspannen, dann können sie eine Weile Freude am Leben haben. Angenehme Aktivitäten für Einser sind Sport, der Aufenthalt in der Natur, Alleinsein, das Brechen von Regeln, intellektuelle Beschäftigungen und sich zukünftige Möglichkeiten vorzustellen.

»Vom inneren Kritiker frei zu sein fühlt sich wunderbar an – zu Hause kommt das nicht oft vor, denn dort muß man sich um die Familie Sorgen machen. Doch wenn ich mit der Familie in Urlaub fahre, dann gelingt es mir irgendwie, die Regeln zu vergessen und einfach Spaß zu haben. Die Kinder machen immer Bemerkungen darüber, wie anders ich dann bin. Und es macht mir unheimlich Spaß, meinen Verstand dazu einzusetzen, um anderen dadurch weiterzuhelfen, daß ich alle Möglichkeiten in Betracht ziehe … und mir vorzustellen, was ich alles mit meiner Partnerin unternehmen könnte. Es ist nicht unbedingt notwendig, dies auch tatsächlich zu tun.«

Subtypen

Selbsterhaltung und Ängstlichkeit

Die Energie des Zorns wird umgeleitet in die Ängstlichkeit in bezug auf persönliche Sicherheit: Dinge richtig machen, genau das haben, was man braucht, den Arbeitsplatz behalten, sich um die Familie kümmern und so fort. Das Gefühl mag wie Angst aussehen, hat jedoch mehr die Qualität einer andauernden grollenden Besorgnis.

»Das Packen vor einer Reise ist für mich eine Qual, weil ich so sehr die Sicherheit benötige, daß ich alles, was ich brauchen könnte, auch wirklich dabei habe. Ich brauche dazu drei Tage, und ich hasse das. Wenn mir etwas fehlt, das ich brauche, dann mache ich mir die ganze Zeit Sorgen und bin bereit, alles zu tun, um den Gegenstand zu bekommen – als ob mein Überleben davon abhängen würde.«

Sozial: Unangepaßtheit

Da sie danach streben, sich einer würdigen Gruppe anzuschließen und die politisch, sozial oder spirituell richtige Sache zu unterstützen, können Einser Verwirrung, Frustration oder Zorn, der sich auf die Gruppe oder auf sich selbst richtet, erfahren. Sie kritisieren die Gruppe, weil sie nicht perfekt ist, und sich selbst, weil es ihnen nicht gelingt, sich der Gruppe besser anzupassen.

»Ich halte mich für ungewöhnlich anpassungsfähig – und darauf bin ich stolz –, aber ich ärgere mich immer über meine Enttäuschung darüber, daß die Gruppe, die ich gewählt habe, nicht meinen Erwartungen entspricht. Ich möchte dazugehören und zugleich Abstand bewahren und kritisiere dann in dem Versuch, etwas zu verbessern. Normalerweise verlasse ich schließlich die Gruppe, aber nicht ohne mich vorher mit der Führung auseinanderzusetzen, um die Gruppe wieder auf den richtigen Weg – den idealen richtigen Weg – zurückzubringen.«

Sexuell: Eifersucht

Auf der sexuellen Ebene idealisieren Einser des Subtyps die perfekte Verbindung mit dem einen Menschen (Freund oder Lebenspartner) und fürchten ständig, der andere könnte einen Dritten attraktiver, intelligenter oder begehrenswerter finden. Zorn wird in eine Eifersucht kanalisiert, die ständig überprüft, ob man noch erwünscht ist, und jede vorgestellte Zurückweisung bewirkt eine unkontrollierte Hitzewelle der Wut.

»Wenn mich bei einer Versammlung ein guter Freund wegen einer anderen Person stehenläßt, dann werde ich auf beide wütend und grolle der Person, mit der er sich dann unterhält. Redet der Freund nicht mit jemand anderem, dann stelle ich mir jemanden vor, der

attraktiver und intelligenter ist als ich, und mein Zorn richtet sich auf diese Person. Ich sage meiner Frau nichts davon, aber dieser Groll baut sich in mir auf, und ich vergleiche mich mit jedem Mann, den ich mit ihr sprechen sehe.«

Beziehungen

Obwohl Einser sich eine Beziehung wünschen, fällt es ihnen schwer, der Welt Vertrauen zu schenken, weil es oft so scheint, daß Menschen nicht meinen, was sie sagen. Vielleicht finden sie auch, daß sie zu unwürdig für eine Freundschaft sind, da es ihnen an Vollkommenheit fehlt.

»Wenn es mir gelingen würde, den Satz zu sagen, ›Zum Teufel mit euch allen!‹, dann würde es mir so viel leichter fallen, mich in die Gruppe einzufügen.«

Nach anfänglicher Nähe gehen sie häufig erst einmal auf Abstand, um herauszufinden, ob die andere Person sie einer Freundschaft für wert hält und ob diese selbst entsprechend würdig ist. Der Einser fühlt sich in beidem erst bestätigt, wenn die andere Person den ersten Schritt tut. Dies und seine zurückhaltende und sarkastische Art führt dazu, daß er oft Menschen verliert, die nahe Freunde hätten werden können.

Freunde müssen tatkräftig auf den Einser zugehen, denn nur dann ist er sich sicher, daß der andere gleichermaßen engagiert ist. Es bedeutet Einsern sehr viel, wenn man ihnen sagt, daß sie so geschätzt werden, wie sie sind, und daß man ihre Gesellschaft um ihrer selbst willen genießt. Freunde, denen sie vertrauen, können ihnen dabei helfen, ihre tiefen Gefühle zum Ausdruck zu bringen; obgleich sie fürchten, daß sie mit ihren Empfindungen ihre Mitmenschen vertreiben könnten, verbreiten sie oft unbewußt einen stillschweigenden Zorn und ein für andere verwirrendes Gefühl der Verletztheit.

Außerdem ist es ihnen wahrscheinlich nicht klar, daß es schwerfällt, sich mit ihrer kritisch-kleinlichen Seite anzufreunden. Einsern ist es wichtig, daß ihre Freunde ihr ganzes Potential nutzen, und daher bieten sie ihnen in liebevoller Absicht konstruktive Kritik, die jedoch leicht mißverstanden werden kann. Sobald sie dies aber durchschauen, blühen sie in einer Freundschaft auf, in der jeder vom anderen lernt und zu seinem Fortkommen beiträgt.

Perfektionismus in einer intimen Beziehung kann zu Schwierigkeiten und Mißverständnissen führen, es sei denn, die Spielregeln sind klar festgelegt. Einser sehnen sich nach der vollkommenen Beziehung, und wenn die ersten Risse auftreten, was unvermeidlich ist, dann werden sie prüfen, ob sie selbst irgend etwas falsch machen. Wenn nicht, dann grollen sie und schieben die Schuld auf den Partner.

»Ich muß die Kontrolle behalten, damit ich sicher sein kann, daß es perfekt läuft. Wir haben festgestellt, daß es wichtig für uns ist, klare Spielregeln zu haben – selbst wenn sie ungewiß sind, dann ist dies Bestandteil der Regeln. Es muß festgelegt werden, wer welche Aufgaben übernimmt – sonst landet alle Verantwortung dafür, daß die Beziehung perfekt klappt, bei mir. Es gelingt mir, mich nicht einzumischen, wenn ich weiß, daß es nicht zu meinen Aufgaben gehört.«

Eine weitere Hürde zur Intimität existiert für jene, die gelernt und verinnerlicht haben, daß Sexualität schlecht ist. Wenn Einser eine intime Beziehung eingehen, dann ist diese eine der vielen Regeln, die sie in Frage stellen müssen, um eine liebevolle und gleichberechtigte Beziehung aufzubauen, in der sie die höchsten Potentiale ihres Partners fördern und zugleich akzeptieren können, daß sie selbst ebenfalls liebenswert sind.

Was Einser tun können,
um ihr Wachstum zu fördern

◇ Suchen Sie sich einen Freund oder Therapeuten, der Sie darin unterstützt, Angelegenheiten, für die Sie sich selbst oder andere verantwortlich machen, nicht ständig persönlich zu nehmen.

◇ Schließen Sie sich einer Selbsthilfegruppe an, die Ihnen in einer sicheren Umgebung hilft, Gefühle – auch Zorn! – unmittelbar auszudrücken.

◇ Beobachten Sie sich selbst und stoppen Sie sich, wenn Sie in Gegensatzpaaren wie richtig/falsch oder entweder/oder denken. Machen Sie sich bei jedem Thema auch andere Standpunkte bewußt.

◇ Machen Sie sich klar, daß Unterschiede nicht unbedingt falsch sein müssen.

◇ Denken Sie einmal darüber nach, daß Ihr Zorn auf Menschen, die Regeln brechen, den Wunsch verbergen könnte, so wie sie zu handeln.

◇ Achten Sie darauf, wenn Sie still werden und sich zu kontrollieren beginnen, und nutzen Sie dies als Signal, um herauszufinden, worüber Sie sich ärgern.

◇ Wenn Sie ärgerlich oder gereizt sind, überprüfen Sie, ob es irgend etwas gibt, was Sie sich selbst nicht gestatten, oder ob Sie Zorn und Groll von einem bedeutenderen Thema auf ein kleineres übertragen.

◇ Nehmen Sie sich Zeit, um den inneren Kritiker in Aktion zu erleben, und versuchen Sie, sich nicht mehr mit ihm zu identifizieren. Wenn Sie ihn wahrnehmen, dann nutzen Sie ihn als Signal, um sich an Ihre Leistungen und Begabungen zu erinnern.

◇ Lernen Sie, sich selbst kleinere Fehler zu gestatten, ohne sich Vorwürfe zu machen.

◇ Widmen Sie Ihren zwanghaften Aktivitäten weniger Zeit,

damit Sie über Ihre tatsächlichen Prioritäten nachdenken können.

✧ Nehmen Sie Spaß und Spiel in Ihren Terminkalender auf, bis es Ihnen gelingt, ihnen automatisch Platz in Ihrem Leben einzuräumen.

✧ Fragen Sie Menschen, wie Sie auf sie wirken; wenn Sie ihre Antworten überraschen, dann überprüfen Sie, ob es sich dabei um Gefühle handelt, die Sie unterdrücken.

✧ Finden Sie heraus, wie Sie als Mensch sind, ohne sich in Relation zu Ihren Regeln und Aktivitäten zu setzen: Was mögen, wünschen, brauchen, fühlen, denken Sie *wirklich*?

✧ Überprüfen Sie Ihre Regeln und machen Sie sich klar, daß, was »richtig« ist, nicht unbedingt immer auch wünschenswert oder angemessen sein muß.

Was Freunde tun können, um Einser zu unterstützen

✧ Unterstützen Sie sie in all den oben aufgeführten Punkten.

✧ Machen Sie sich Ihre eigenen Kritteleien und Fehler bewußt.

✧ Bieten Sie ihnen ein Refugium, in dem über ihr Tun und Lassen nicht geurteilt wird.

✧ Heben Sie das hervor, was positiv ist, sowohl in ihrem Umfeld als auch in ihnen selbst.

✧ Machen Sie ihnen klar, daß sie, auch ohne perfekt zu sein, liebenswert sind.

✧ Erinnern Sie sie daran, daß das Ziel von Wachstum Ganzheitlichkeit und nicht Perfektion ist.

✧ Gehen Sie mit dem Einser aus, damit er Spaß hat, ganz egal bei was.

Heilige Tugend und Idee
Gelassenheit und Perfektion

Gelassenheit bedeutet nicht, daß die Gefühle aufhören, sondern ist ein Bewußtseinszustand, der es allen Gefühlen gestattet, in Körper und Herz zu kommen und zu gehen und vollständig erlebt zu werden, ohne manche von ihnen als gut und angenehm und andere als schlecht oder unangenehm zu werten. Einser, denen es gelingt, ihren Zorn loszulassen und den Rückstand ihrer unterdrückten Gefühle zu klären, werden sich stark und voller Energie fühlen. Gleichzeitig empfinden sie eine Leichtigkeit von Herz und Körper, ein freudiges Annehmen aller Facetten des Seins und können sich voll und gelassen auf das Leben und ihre Gefühle einlassen.

Wenn Sie sich erst ganz und gar auf das Leben einlassen, dann erkennen Einser, daß alles selbst in seiner Unvollkommenheit bereits vollkommen ist – auch sie selbst. Möglicherweise fällt es ihnen schwer, ihr gewohnheitsmäßiges Grollen aufzugeben. Wenn der Verstand nicht die richtige Quelle für das Erkennen von *Perfektion* ist und keine Schuld zuweisen darf, wie kann Perfektion dann überhaupt erreicht werden? Wenn Einser sich eingestehen können, daß der Verstand, der selbst voreingenommen und unvollständig ist, nicht fähig ist, Perfektion herzustellen, dann erfahren und feiern sie die Perfektion in allem, was sie umgibt.

TYP ZWEI:

Der Geber

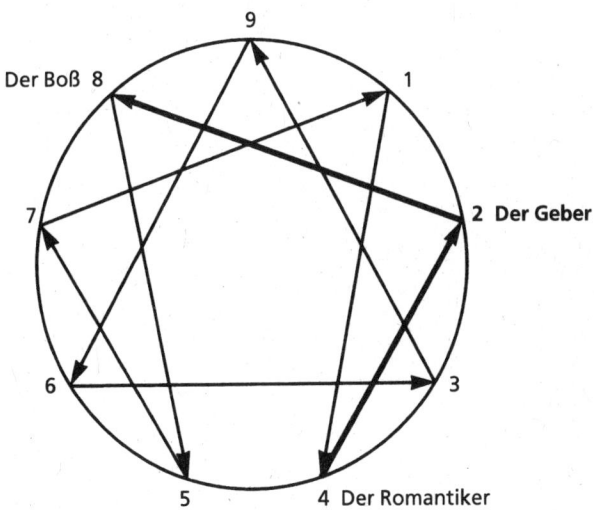

Äußeres Erscheinungsbild

Menschen des Enneagramm-Typs Zwei gehen aus sich heraus, wirken heiter, voller Energie, freundlich, zuversichtlich, unterhaltsam und vor allem hilfsbereit. Sie gehen mit ihrer Zeit und Energie wie auch mit materiellen Gütern freizügig um und orientieren sich bei der Auswahl von Geschenken am Geschmack des Empfängers. Zweier ziehen das Geben dem Empfangen vor und scheinen selbst keinerlei Bedürfnisse zu haben; sie sind unabhängige und kompetente Menschen, denen es am besten geht, wenn sie die Wünsche anderer erfüllen können.

»Selbst dann, wenn ich allein bin, was nicht häufig vorkommt, denke ich an andere Menschen und daran, wie mich das, was ich tue, mit ihnen verbindet. Wenn ich zum Beispiel im Garten arbeite, dann denke ich über die Blumen nach, die ich für meine Nachbarin abschneiden werde ...«

Zwar erscheinen Zweier selbstzufrieden, doch ist ihre Welt auf Beziehungen zu anderen Menschen ausgerichtet. Sie suchen aktiv nach Anerkennung, und ihre Begabung und Erfolge stellen sie in der Regel in den Dienst der anderen.

Zweier besitzen aufrichtiges emphatisches Mitgefühl für die Bedürfnisse ihrer Mitmenschen und stellen sich darauf ein, diese zu befriedigen. Sie tun dies nicht nur in materieller Hinsicht, sondern sogar noch grundlegender, indem sie die Art von Person darstellen, die der andere gerne in seinem Bekanntenkreis hätte. Sie stellen sich auf jeden Menschen neu ein, jedoch nicht mit dem Ziel, irgend jemanden täuschen zu wollen.

»Ich lüge nicht – was ich den Leuten zeige, ist wirklich ein Teil von mir, aber eben nicht alles. Das ist großartig, denn ich habe viele, sehr unterschiedliche Freunde, die allein miteinander gar nicht zurechtkommen würden. Die unangenehme Seite wird jedoch dann sichtbar, wenn ich zwei ähnliche Menschen gleichermaßen mag – das kann sehr verwirrend sein.«

Zweier würden sich selbst nicht als stolz bezeichnen. Doch da sich in ihnen das Fehlen (offensichtlicher) Bedürfnisse mit dem sicheren Wissen verbindet, jene ihrer Mitmenschen befriedigen zu können, wirken sie mitunter etwas überlegen. Wenn eine Beziehung zu intim wird, dann werden sie zurückhaltend mit der Begründung, daß sie ihre Freiheit brauchen. In Wahrheit verbirgt sich hinter diesem Verhalten jedoch die Angst, Zurückweisung zu riskieren, wenn sie mehr von sich zeigen. Außerdem sind Zweier wählerisch in bezug darauf, wessen Gesellschaft sie suchen. Oft entscheiden sie sich gerade für ungewöhnliche, ablehnende oder unerreichbare Menschen.

Sie sind zu außerordentlichem Aufwand bereit, um eine andere Person anzuziehen oder um ihr zu helfen, und es ist ihnen fast unmöglich, nein zu sagen, wenn sie um etwas gebeten werden. Sie verausgaben sich bis zur Erschöpfung, weil sie sich zu viel aufladen, und fühlen sich ausgenutzt, wenn sie auch weiterhin für einen Menschen da sind, der dies entweder nicht bemerkt oder vor so viel Großzügigkeit zurückschreckt. Tritt einer dieser beiden Fälle ein, dann sind Zweier zu Zorn oder anderen Gefühlen fähig, deren Stärke ihre Mitmenschen in Erstaunen versetzen.

Im allgemeinen ist es eine gute Sache, die Aufmerksamkeit eines Zweiers zu erregen: Sie bemühen sich nicht nur, die tatsächlichen Bedürfnisse eines Menschen zu befriedigen (oft noch bevor diese Person überhaupt von ihnen weiß), sie sehen und unterstützen auch das Potential in ihren Freunden. Vom Standpunkt der anderen Enneagramm-Typen aus gesehen erscheint es jedoch unglaubwürdig, daß der Zweier sich tatsächlich in diesem Ausmaß auf seine Mitmenschen ausrichten kann, und er wird daher oft für manipulativ gehalten. Sie sehnen sich nach Kontakt und Reaktion und werden manchmal auch zudringlich bei dem Versuch, die Bedürfnisse anderer zu ergründen.

Unbewußte Zweier können hysterische, manipulative, erstickende oder ehrgeizig-opportunistische Persönlichkeiten sein. Der zugehörige Archetyp ist die aufopfernde, zudringliche Mutter, die sich darüber beklagt, daß ihre Familie niemals Dank für ihren Einsatz zeigt oder etwas zurückgibt.

Bewußte Zweier sind liebevoll und emphatisch, eine echte Unterstützung und verhalten sich angemessen in ihrer Geberrolle.

Sie sind aufmerksame, anpassungsfähige, loyale und selbstlose Helfer, egal ob als Freund, Boß oder als Graue Eminenz.

Innere Anliegen und Kindheitsszenarios

Zweier haben gelernt, daß sie die Bedürfnisse ihrer Mitmenschen befriedigen müssen, wenn sie geliebt werden wollen. Um mit dem, was sie geben, Anerkennung zu finden, haben sie ihre persönlichen Bedürfnisse über Bord geworfen und mit ihnen in gewisser Weise auch sich selbst. Möglicherweise hatten sie einen bedürftigen Vater oder eine bedürftige Mutter, um den oder die sie sich kümmern mußten; vielleicht mußten sie auch eine dominierende oder kritische Figur entwaffnen; oder ihre Eltern oder Elternteile verhielten sich abgewandt oder waren mit anderem beschäftigt.

Als Herztypen reagieren Zweier auf natürliche Weise feinfühlig auf die Emotionen ihrer Mitmenschen. In der frühen Kindheit haben sie gelernt, die Gefühle und körperlichen Hinweise wichtiger Erwachsener deutlich wahrzunehmen und auf sie zu reagieren, indem sie eine Persönlichkeit entwickelten, welche ihnen Aufmerksamkeit und Anerkennung der Erwachsenen sicherte.

»Wenn die Zahl der Wünsche zu groß ist, als daß ein Mensch allein sie erfüllen könnte, dann muß mir dies trotzdem gelingen, um den Blick zu vermeiden, der mir sagt, daß sie mich nicht mögen. Wenn du nicht magst, was ich tue, dann magst du auch mich nicht. Das ist nicht voneinander zu trennen.«

Leidenschaft und Fixierung
Stolz und Schmeichelei

Stolz macht den Zweier die innere Gewißheit, daß er aufgrund seiner tiefen Empfindsamkeit und seines Gespürs für seine Mitmenschen deren Bedürfnisse besser befriedigen kann als irgend jemand sonst. Damit verbunden ist die Vorstellung, daß er selbst nur sehr wenige, wenn überhaupt irgendwelche Bedürfnisse besitzt. Er hält sich selbst für frei, während er die anderen in Abhängigkeit von sich sieht. Entsprechend schwer fällt ihm die Einsicht, daß in Wahrheit er von den anderen abhängig ist, nicht nur von ihrer Zustimmung, sondern noch viel mehr von dem Spiegel, den sie ihm bieten.

> *Ich spüre mich nur dann richtig, wenn sich der Blick der anderen auf mich richtet. Erst wenn man mir Aufmerksamkeit schenkt, kann ich mich selbst definieren. Welche Gefühle ich in bezug auf mich selbst entwickle, hängt von den Reaktionen ab, die ich hervorrufe.*

Stolz ist außerdem die Antriebskraft für Zweier, um alles außerordentlich gut zu tun. Dabei handelt es sich nicht um einen moralischen Anspruch, sondern einfach um die Erkenntnis, *»daß es eben so besser ist«*. Zweier müssen sich in der Öffentlichkeit hervortun, damit sie anerkannt und für gut befunden werden.

> *Es wirkt sich auf alles andere aus, was ich tue. Es ist sehr wichtig für mich, die Dinge gut zu machen. Dabei kann es sich um meinen Beruf handeln oder um meine Familie, Verbesserungen im Haus oder das Spielen mit den Kindern – immer geht es darum, was ich dafür zurückbekomme. Jetzt versuche ich, Dinge um ihrer selbst willen zu tun. Das fällt mir schwer.*

Geben um des Gebens willen, ohne dabei an das zu denken, was möglicherweise zurückkommt, setzt bei Zweiern voraus, daß sie sich ihre eigenen Bedürfnisse eingestehen und dann lernen auszudrücken, wer sie sind. Für einen Menschen, der es gewohnt ist, seine ganze Aufmerksamkeit auf die Bedürfnisse anderer zu richten und zu betonen, wie unabhängig er ist, kann dies eine verwirrende und demütigende Erfahrung sein.

»*Ich versuchte nach innen zu blicken, um herauszufinden, was ich empfinde, es war erschreckend. Da war nichts – es schien überhaupt niemand da zu sein, nur ein großes leeres Loch. So viel zu meinem natürlichen inneren Reichtum.*«

Wenn die unbewußten Bedürfnisse von Zweiern nicht erfüllt werden oder wenn sie langsam beginnen, sie wahrzunehmen, dann setzt hysterisches Verhalten ein. Es kann sich von Verwirrung bis zu übersteigerter Emotionalität und dem Gefühl von körperlicher Gespaltenheit erstrecken.

»*Alles geschieht nur an der Oberfläche, fühlt sich vollkommen irreal an, ich bin nicht in meinem Körper, weit fort, höre nicht richtig zu – ich bin nirgends. Es sieht unglaublich leidenschaftlich und dramatisch aus, aber es ist nicht so, wie wenn ich wirklich in Kontakt zu meinen tiefsten Gefühlen komme.*«

Stolz ist die Basis dafür, wie Zweier andere Menschen auswählen, und es wird von einer lebhaften emotionalen Vorstellungskraft unterstützt, die dazu führt, daß sie jene Menschen, die sie kennenlernen möchten, idealisieren.

»*Herausforderung spielt eine wichtige Rolle. Idealisierung ebenfalls – eine ausgewählte Person mit Glanz versehen und sie den eigenen Vorstellungen anpassen. Beides gibt mir das Gefühl, daß ich großartig genug bin, um mein Ziel zu erreichen.*«

Schmeichelei ist eine Gewohnheit, die bewußt oder unbewußt zum Einsatz gebracht wird. Sie steht in Beziehung zu der Fähigkeit des Zweiers, dafür zu sorgen, daß seine Mitmenschen sich gut fühlen, weil er ihre inneren Vorlieben anspricht und ihr Potential erkennt und unterstützt.

Zweier ergehen sich schnell im Lob, entweder offenkundig oder unausgesprochen, indem sie andere mit besonderem Interesse ausfragen und ihnen ihre Wünsche erfüllen. Sie erkennen die Begabungen ihrer Mitmenschen, haben jedoch Schwierigkeiten, ihre eigenen Fähigkeiten auszumachen und zu entwickeln.

»Ich hätte meinen Doktor nie geschafft, wenn sie mich nicht dazu ermuntert hätte. Tatsächlich ist es mir sogar leichtgefallen, aber der Aufwand erschien mir sinnlos zu sein, solange er nur für mich war.«

Zweier besitzen einen verführerischen Charme. Sie wissen, daß sich jeder in ihrer Gesellschaft wohlfühlt. Da sie zudem alles tun, um Zurückweisungen zu vermeiden, besitzen sie eine große Begabung, Menschen zu entwaffnen.

»Ich stoße selten auf jemanden, den ich nicht mag. Geschieht es doch, dann gestalte ich ihn im Geiste so um, daß ich ihm vergeben kann. Ich kann sogar meine eigenen Gedanken auf diese Weise manipulieren. Und ich kann leicht deine Argumente so verändern, daß sich dein Zorn nicht mehr auf mich richtet.«

Indem sie sich geben, wie es der andere wünscht, und dafür sorgen, daß er sich mit sich selbst wohl fühlt, erfüllen Zweier sogar die Bedürfnisse von Menschen, die scheinbar keine haben.

»Ich appelliere an ihren Verstand oder an ihre Gefühlswelt oder sorge einfach dafür, daß sie Spaß mit mir haben – irgend etwas finde ich immer, was sie anspricht.«

Streß

Hysterie ist typisch für den Zweier, der unter Streß steht, aber auch allgemein ein Merkmal des Zweiers. Wenn der Streß wirklich zuschlägt, dann übernehmen Zweier die Eigenschaften des Achters, werden dominierend, reizbar und schließlich wütend. Das paßt nicht gut zu ihrer normalerweise charmanten Persönlichkeit, und manche Zweier empfinden Wut daher bei sich und anderen als außerordentlich beängstigend und tun nahezu alles, um ihr zu entgehen. Anderen fällt es leichter, sie zum Ausdruck zu bringen.

>*Die Wut baut sich endlos in mir auf, und wenn sie dann in mir explodiert, dann ist das erschreckend und endlos demütigend. Außerdem ist sie oft fehlgerichtet – zielt auf die Katze oder einen Autofahrer, aber nicht auf die Person, der sie gilt. Wut kann sich wegen der lächerlichsten Dinge in mir aufbauen. Beispielsweise lasse ich einen Großteil davon im Straßenverkehr ab.*«

Streß vergrößert den Wunsch des Achters, nicht kontrolliert zu werden, das Bedürfnis des Zweiers nach Freiheit. Zweier kämpfen dann auf eine Weise um ihre Position und verweigern sich den Anforderungen der anderen, wie es sonst nicht ihre Art ist.

Sicherheit

In sicheren und entspannten Situationen orientiert sich der Zweier am Vierer. Für manche von ihnen ist die gesteigerte Emotionalität, vor allem das romantische Sehnen der Vierer-Persönlichkeit, sehr schmerzhaft.

>*Ich schmelze einfach emotional und muß die ganze Zeit weinen. Das kann sehr lähmend sein und am liebsten würde ich es fortschieben, damit ich mit mir selbst wieder eins sein kann.*«

Für andere ist es ein wahrer Energiestoß, wenn sie ihren künstlerischen Ambitionen freien Lauf lassen.

> *»Ich packe die Wasserfarben aus und bin für Stunden verschwunden ... oder ich plane die vollkommene Neugestaltung des Hauses oder ein Abendessen, das Bocuse in den Schatten stellt ..., es fühlt sich sehr kreativ an.«*

Ironischerweise kann die für Vierer typische Art, Beziehungen auf der Basis von anziehen und wegschieben auszuleben, die Tendenz des Zweiers verstärken, sich aus der Intimität zurückzuziehen. Auch wenn seine Situation sicher ist und er sich mehr als alles andere nach der Verbindung mit einem anderen Menschen sehnt.

Subtypen
Selbsterhaltung: Privileg/Ich zuerst

Zweier drücken den Stolz im Bereich der Selbsterhaltung aus, indem sie darauf achten, am Anfang der Schlange zu stehen, bestimmte persönliche Dinge nicht mit anderen zu teilen und ihren Stolz zu bewahren, indem sie so lange nicht um Hilfe bitten, wie es irgend geht. Die Unsicherheit darüber, ob die eigenen Bedürfnisse selbst erfüllt werden können, wird unterdrückt zugunsten der Bedürfnisse von Personen, die das Überleben gewährleisten.

> *»Wenn ich gewartet und mich nicht darum gekümmert hätte, dann wäre schließlich nicht mehr genug für mich da gewesen. Aber meine Familie vermag ich nicht um Hilfe zu bitten – ich würde mich schuldig fühlen und als Versager. Die paar Mal, die ich meine Frau angeschnauzt habe, weil sie einfach zu viel von mir verlangte, habe ich mich hinterher immer ein wenig geschämt.«*

Sozial: Ehrgeiz

Der soziale Subtyp macht die wichtigen Personen in einer Gruppe ausfindig und schließt sich ihnen an. Sein Ehrgeiz drückt sich aus, indem er die Macht hinter dem Thron darstellt und vor allem die Bedürfnisse der renommiertesten Personen erfüllt. Ehrgeiz kann auch dadurch zum Ausdruck gebracht werden, indem der Zweier einer Gruppe mit hohem Status angehört und Stolz auf seine soziale Position empfindet.

> »Ich entschied mich früh dafür, daß ich einen anglikanischen Priester aus der High Society heiraten würde. Ich war nicht bereit, mit jemandem auszugehen, der nicht auf das beste diesbezügliche College ging oder sich wenigstens für einen solchen Studienplatz bewarb. Jetzt erkenne ich, daß ich auf diese Weise für all diese ›besonderen‹ Leute wichtig sein wollte.«

Sexuell: Aggression/Verführung

Wenn sich Zweier auf einen Partner festlegen, sind sie stolz darauf, daß es ihnen gelingt, in jedem das Bedürfnis nach einer Freundschaft oder Partnerschaft mit ihnen zu wecken. Ihre Herangehensweise ist selektiv, verführerisch und aggressiv, da sie an der Person, die sie für sich ausgewählt haben, so lange dranbleiben, bis sie sie »eingefangen« haben.

> »Es gelingt mir ohne weiteres, daß ein Mann sich bei mir wie ein König fühlt, und sei es für eine Nacht. Ich kann ihn für mich gewinnen, indem ich nur mein Glas auf eine bestimmte Weise halte; er wird mich nie vergessen. Für längere Beziehungen investiere ich sehr viel Kraft, um herauszufinden, was sie mögen. Ich bin süchtig danach. Wenn eine Beziehung vorbei ist, tue ich alles für ›ein letztes Mal‹. Ich brauche Unmengen an Energie dafür, aber was wird geschehen, wenn ich damit aufhöre? Der Gedanke löst Panik in mir aus ...«

Beziehungen

Die Anerkennung und das Wohlergehen von Kollegen, Freunden und Beziehungspartnern ist oberstes Gebot für Zweier. Bei der Arbeit zum Beispiel bemühen sie sich um Zuneigung, indem sie die richtigen Leute unterstützen und von einer günstigen Ausgangsposition die Personen ihrer direkten Umgebung fördern. Wenn ein Boß darauf setzt, daß sie erfolgreich sind, dann gelingt ihnen dies auch.

Freundschaften und Beziehungen stehen für Zweier im Mittelpunkt ihres Lebens. Doch auf Dauer hat es gravierende Nachteile, wenn man die Bedürfnisse der anderen immer an die erste Stelle setzt. Hinter ihrem meist fröhlichen und zuversichtlichen Gesichtsausdruck verbergen Zweier schmerzliche Gefühle und persönliche Dilemmas.

»Die Erwartungshaltung der Leute treibt mich in Traurigkeit und Wut. Sie gewöhnen sich an das, was ich zu geben habe, und betrachten es als selbstverständlich und würdigen es schließlich nicht. Ich werde nicht verstanden. Und wenn ich wütend werde, dann verlassen sie mich vielleicht.«

Zweier leiden unter beklemmenden Ängsten, ob sie in einer Beziehung auch alles richtig machen, vor allem dann, wenn es so aussieht, als ob ihre Vorschläge vielleicht nicht funktionieren. Außerdem führt die Tatsache, daß sie in Abwesenheit des anderen über die Beziehung nachdenken, zur Erschaffung einer Phantasiebeziehung, und sie reagieren mit Verwirrung und Besorgnis, wenn sie schließlich mit der Realität konfrontiert werden.

»Meine Gedanken entfernen sich wie eine Spirale immer weiter von mir. Manchmal bin ich so weit fort, daß es mir nicht gelingt zurückzufinden. Es ist sehr hilfreich, wenn jemand da ist und mich

darin unterstützt, ins Hier und Jetzt zurückzukehren – anderer-
seits muß ich jedoch allein sein, um meine Bedürfnisse erkennen
zu können.«

Weil Zweier glauben, daß sie keine eigenen Bedürfnisse und
Wünsche besitzen, haben sie die Verbindung zu ihnen verloren.
Doch unbewußt suchen sie sich Menschen aus, die aufgrund
ihrer eigenen Kraft ihren Bedürfnissen gerecht werden.

Die Freunde von Zweiern haben oft den Eindruck, daß sie
ihnen etwas schulden. Aber da es Zweiern schwerfällt, etwas
anzunehmen, und weil sie die Zwanghaftigkeit ihrer Geberrolle
nicht erkennen, kann es sehr schwer sein, einen Ausgleich zu
schaffen.

Zweiern fällt es schwer, sich in intimen Beziehungen zu entspannen, und sie werden oft von unerreichbaren Personen angezogen – von jemandem, der viel auf Reisen ist, oder von einer
Dreiecksbeziehung, in der sie dem Partner nicht die ganze Zeit
zur Verfügung stehen müssen. Sie sind es so sehr gewohnt, ihren
Blick auf den anderen ausgerichtet zu halten, daß sie, wenn die
Intimität vor der Tür steht, nicht wissen, was sie tatsächlich
empfinden und wie sie es herausfinden sollen. In der Anfangs-
phase einer intimen Beziehung müssen sich Zweier daher
schmerzhaft mit ihren Wünschen konfrontieren und lernen,
sich um ihre Erfüllung zu bemühen.

»Wenn wir das Haus zu unterschiedlichen Zeiten verlassen,
schmerzt mich das mehr, als wenn ich früher mit dir gehe, statt zu
der für mich richtigen Zeit. Oder zum Beispiel ins Kino zu gehen
– es fällt mir leichter, darauf zu verzichten, als allein zu gehen.«

Außerdem müssen sie sich mit der Realität ihres Partners aus-
einandersetzen und sich von ihrem Traumbild von ihm verab-
schieden.

»Bevor wir uns näher kennenlernten, war er wie ein griechischer Gott für mich, leidenschaftlich und kraftvoll. Doch wie verhalte ich mich, was fühle ich wirklich, wenn sich dieses Bild in Rauch auflöst? Ist es wirklich Liebe? Ich habe mir eine Herausforderung erschaffen, der ich mich stellen wollte, die gar nicht wirklich existiert. Er fühlte sich durch den Versuch entmutigt, meinen Vorstellungen entsprechen zu wollen, und ich benötigte mehrere Ehejahre, um ihn so sehen zu können, wie er tatsächlich ist. Es war eine große Erleichterung, endlich so sein zu dürfen, wie wir wirklich sind – und ein hartes Stück Arbeit, aber dadurch haben wir herausgefunden, daß Liebe nicht davon abhängig ist, bestimmte Vorstellungen zu erfüllen.«

Was Zweier tun können, um ihr Wachstum zu fördern

✧ Entwickeln Sie Interessen und Aktivitäten, die nur Ihnen etwas bedeuten und gehen Sie ihnen alleine nach.

✧ Nehmen Sie sich Zeit, um mit sich allein zu sein und Ihre Aufmerksamkeit, zum Beispiel mittels Meditation, wieder nach innen zu richten; machen Sie sich bewußt, wie ängstlich Sie sich danach sehnen, Ihre Aufmerksamkeit wieder nach außen zu richten.

✧ Werden Sie sich Ihrer Leistungen und Ihres Wertes bewußt.

✧ Zählen Sie Ihre Begabungen auf und bewerten Sie sie.

✧ Machen Sie Dinge ganz bewußt allein um Ihrer Selbst willen gut.

✧ Machen Sie sich Ihre Hysterie bewußt, wenn sie aufsteigt, und nutzen Sie sie als Hinweis, um sich zu fragen: »Was brauche ich jetzt?«

✧ Achten Sie darauf, ob Sie sich hilflos oder minderwertig fühlen, wenn Sie anderen Menschen schmeicheln. Machen Sie sich klar, daß Abhängigkeit eine Form der Manipulation ist.

✧ Blicken Sie hinter Ihre emotionalen Reaktionen, vor allem hinter die Wut, denn sie verbergen möglicherweise Ihre tatsächlichen Gefühle.

✧ Teilen Sie Ihren Mitmenschen mit, was Sie brauchen, und gestatten Sie ihnen, Sie zu beschenken. Lernen Sie mit Freude zu empfangen.

✧ Stellen Sie fest, wann Ihre »multiplen Persönlichkeiten« miteinander in Konflikt geraten, und entwickeln Sie eine in sich geschlossene Selbstdarstellung, die Ihnen entspricht und die Sie nicht wechseln, wenn es gerade opportun ist.

✧ Denken Sie daran, Liebe hängt nicht davon ab, daß Sie eine bestimmte Rolle erfüllen.

Was Freunde tun können, um Zweier zu unterstützen

✧ Unterstützen Sie sie in allen oben genannten Punkten.

✧ Bieten Sie sich ihnen als Spiegel an: »Das ist es, was ich in dir sehe, es ist beständig, es verändert sich nicht, es ist gut, du kannst dich darin üben.«

✧ Erinnern Sie sie an ihre Fähigkeiten, und loben Sie sie – tun Sie dies ehrlich und regelmäßig.

✧ Machen Sie ihnen klar, daß Sie sie um ihrer Selbst willen mögen, und zwar ihre ganze Person.

✧ Fragen Sie nicht lange, was sie brauchen, tun Sie einfach etwas für sie.

✧ Wenn sie hysterisch sind oder sich verloren haben, sorgen Sie dafür, daß sie sich auf etwas konzentrieren können, indem Sie Fragen stellen.

✧ Wenn sie über sich selbst herfallen, dann sagen Sie ihnen, wie sehr Sie es hassen, sie leiden zu sehen – machen Sie ihnen klar, was sie sich selbst alles antun.

✧ Seien Sie aufrichtig und sprechen Sie aus Ihrem eigenen Gefühl heraus.

Heilige Tugend und Idee
Demut und Wille/Freiheit

Die Tugend *Demut* wird vom Stolz nachgeahmt, welcher Zweier in den Dienst anderer stellt und sie ihre eigenen Bedürfnisse leugnen läßt. Ein Mensch jedoch, der Demut als Seinszustand erlebt, kennt und akzeptiert seine wahre Natur, seine Stärken und Schwächen und den Wert, den er für Menschen darstellt, denen er in einer kurzen oder in einer längeren Beziehung begegnet. Er kommt mit der Tatsache zurecht, daß er nicht immer gebraucht wird und selbst eigene Wünsche hat, ohne sich deshalb weniger wertvoll oder weniger liebenswert zu fühlen; er kann sich an dem erfreuen, was er der Welt anzubieten hat.

Indem sie sich auf die Notwendigkeit und ihre Fähigkeit konzentrieren, anderen Menschen zu schmeicheln, geben Zweier ihren *Willen* auf und damit ihre *Freiheit*, da sie sich der Tagesordnung der anderen beugen. Obgleich sie stolz auf ihre Unabhängigkeit sind und ihre Freiheit betonen, sind sie in Wahrheit in Abhängigkeit gefangen. Wirkliche Freiheit wird von Zweiern erlebt, wenn sie ihren eigenen höheren Willen, der aus der Essenz heraus geboren wird, erkennen und äußern, und ihren wahren Bedürfnissen des Augenblicks folgen, statt einer vagen Vorstellung von »Ich will« oder »Ich kann geben …«.

TYP DREI:

Der Dynamiker

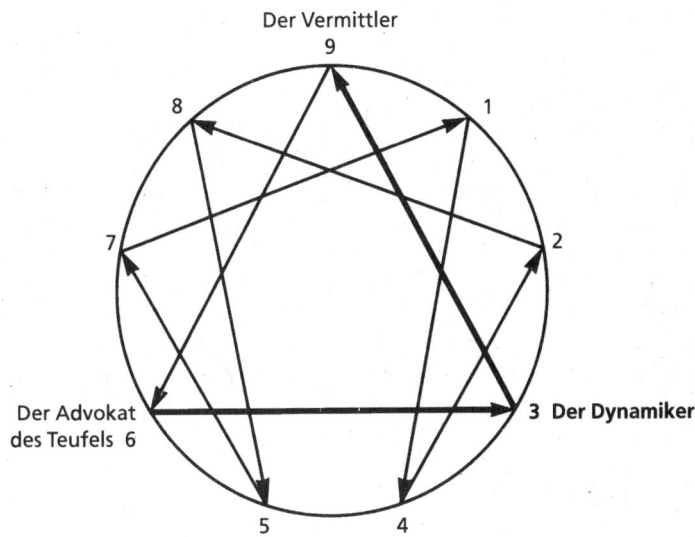

Der Vermittler
9

8 1

7 2

Der Advokat
des Teufels 6   3 **Der Dynamiker**

5   4

Äußeres Erscheinungsbild

Dreier wirken selbstbewußt, ehrgeizig, erfolgreich, beweglich und begeisterungsfähig. Sie arbeiten hart, um ihre Ziele zu erreichen, und sind daher vorzüglich als Motivatoren geeignet, die andere überzeugen, ebenfalls alles erreichen zu können. Manchmal scheinen sie jedoch auch gefühllos und manipulativ zu sein und rennen ihre Mitmenschen in ihrer zielstrebigen Art leicht über den Haufen. Ihr Leben – auch ihre Freizeit – ist bestimmt von einer Reihe zu erfüllender Aufgaben und von zu erreichenden Zielen; und normalerweise fangen sie etwas Neues an, noch bevor das Alte zu Ende geführt ist. Auf der Verstandesebene befassen sie sich mit mehreren Aufgaben zugleich und richten ihre Aufmerksamkeit auf mehrere Ziele, denen sie sich nach Bedarf widmen. Ihr Interesse an Details ist dabei nicht besonders groß. Doch schließen sie ihre Angelegenheiten, auch wenn sie dabei manchmal Abkürzungen benutzen, in der Regel erfolgreich ab, da Anerkennung für sichtbare Ergebnisse für sie lebenswichtig ist.

Weil es ihnen wichtig ist, zu gewinnen, wirken Dreier wettbewerbsorientiert, doch sind sie ebenso bereit, eine neue Herausforderung dem Sieg über andere vorzuziehen.

»Daß mein Sieg die Niederlage eines anderen bedeutet, habe ich erst begriffen, als mich mein Sportlehrer darauf stieß. Ich hatte mir wirklich nicht klar gemacht, daß mein Hochgefühl die Niedergeschlagenheit eines anderen zur Folge hat. Für mich fand der Wettkampf in meinem Inneren gegen mich selbst statt.«

Tatsächlich gehen Dreier nur dann Risiken ein, wenn es Menschen gibt, bei denen sie Rückhalt finden, und sie engagieren sich nur in Projekten, bei denen ihnen der Erfolg sicher ist. Versagen wird als »Teilerfolg« oder »Lernerfahrung« umdefiniert, und die Hinwendung zu neuen Aufgaben erfolgt entsprechend rasch. Eine absolut vernichtende Erfahrung ist für Dreier die öffentlich erfahrene Niederlage. Bestandteil des Erfolgs ist es, von jenen, die von Bedeutung sind, gemocht zu werden, und für Dreier kann das nahezu jeder sein. Obwohl sie Herztypen sind, liegt ihr Hauptaugenmerk nicht auf ihren Gefühlen, sondern auf ihrem Image: Wichtig ist ihnen, mit welchen Gefühlen andere auf sie reagieren.

Da sie eine fein abgestimmte Wahrnehmung für die Erwartungen der anderen besitzen, können Dreier, um ihren Mitmenschen zu gefallen, ihr Image verändern wie ein Chamäleon. Dies kann von einem Moment zum anderen durch die Körpersprache oder das allgemeine Auftreten geschehen, oder aber durch die äußere Präsentation wie Kleidung und Styling. Dieser Prozeß läuft so subtil ab, daß er von den beteiligten Personen gar nicht bemerkt wird, auch von den Dreiern selbst nicht: *»Ich komme eben einfach gut mit den Leuten zurecht.«*

Dreier sind von ihren eigenen Gefühlen abgeschnitten. Das heißt nicht, daß sie überhaupt gar keine Gefühle haben, aber sie verschieben sie auf einen späteren Zeitpunkt, doch in ihren überfüllten Terminkalendern ist nie Zeit übrig. Außerdem können Emotionen das Image bedrohen.

»Gefühle stören dabei, mit einer Sache voranzukommen, und es gibt immer irgend etwas, dem ich mich gerade widmen muß. Wenn mein Mann mich fragt, wie es mir geht, dann weiß ich darauf keine Antwort. Ich bin zu sehr damit beschäftigt, den Familienausflug zu organisieren.«

»Ich möchte nicht zeigen, wie ich mich fühle, also lenke ich mich damit ab, indem ich mich den Dingen widme, die erledigt werden müssen.«

In manchen Lebensbereichen, insbesondere in den helfenden Berufen und in sogenannten esoterischen Kreisen, nutzen Dreier ihren chamäleonhaften Instinkt, um sehr überzeugend angemessene Gefühle zur Schau zu stellen, und sie können ehrlich überrascht sein, wenn nähere Selbsterforschung zeigt, daß diese gar nicht ihre tatsächlichen Gefühle sind.

Unbewußte Dreier sind mitunter geringschätzige, rücksichtslose Draufgänger, die ihre Mitmenschen gewissenlos dominieren, ohne Zugang zu Gefühlen oder menschlicher Intimität zu haben.

Bewußte Dreier können mitfühlende, sozial bewußte Anführer sein, die ihre Mitmenschen durch ihren eigenen Enthusiasmus und ihre Hoffnungen beleben, und sind zu tiefen Verbindungen mit Menschen und zu ehrbaren Zielsetzungen fähig.

Innere Anliegen und Kindheitsszenarios

Unter der Oberfläche, an der sie nach Erfolg und Anerkennung streben, suchen Dreier in Wahrheit nach Liebe und Akzeptanz der Person, die sie darstellen. In ihrer Kindheit haben sie erfahren, daß nur erfolgreiche Macher geliebt werden, und daher ist es nicht genug, einfach nur man selbst zu sein.

>*»Obwohl ich mir wünsche, daß sie auch dann sagt, daß sie mich liebt, wenn ich ein bierbäuchiger, fußballglotzender Sofahocker bin, könnte ich ihr dies paradoxerweise nicht wirklich glauben. Und doch möchte ich, daß sie es mir sagt, denn wenn sie hohe Erwartungen an mich stellt, dann fühle ich mich genötigt, ihnen auch zu entsprechen. Und dann hätte ich immer das Gefühl, sie liebe mich nur aus diesem Grund – es ist alles so widersprüchlich – und würde mich verlassen, wenn ich anders wäre. In meinem Kopf weiß ich, daß sie mich ermutigt, weil sie mich liebt – aber es fühlt sich trotzdem so an, als ob ich nie gut genug sein werde.«*

Nach ihrem Gefühl mußten Dreier als Kinder sehr viel tun und gut tun, um geliebt oder als wertvoll erachtet zu werden. Die meisten von ihnen erinnern sich daran, daß sie gefragt wurden, was sie heute geleistet hatten, was sie heute abend, nächste Woche, nächsten Monat leisten würden.

>*»Sie haben mich immer gefragt, ob ich einen guten Schultag hatte. Die Antwort mußte ›Ja‹ lauten, und dann wollten sie wissen, was ich alles gemacht hatte. Aber es hat sie nie interessiert, was ich dabei gefühlt habe. Ich hatte immer eine Menge getan, also mußte ich auch einen guten Tag gehabt haben.«*

Für manche Dreier wurde der Drang nach Erfolg von dem Wunsch gespeist, aus einer wenig liebenswerten Familie oder sozialen Gruppe zu fliehen und besser als sie zu sein.

Leidenschaft und Fixierung
Täuschung und Eitelkeit

Die Leidenschaft *Täuschung* bedeutet nicht, daß Dreier andere Menschen vorsätzlich täuschen. Vor allem betrügen sie sich selbst, indem sie sich mit der Rolle oder den Rollen identifizieren, die sie übernommen haben. Da das Bedürfnis, geliebt und angenommen zu werden, ihren Erfolgsdrang untermauert, wählen Dreier ihre beruflichen und sozialen Kampfplätze so, daß ihnen die Zustimmung der Menschen, deren Akzeptanz ihnen etwas bedeutet, sicher ist.

Sie setzen sich mit den gewählten Rollen gleich, machen sich vor, daß diese mit ihrem wahren Ich übereinstimmen und merken vielleicht nicht einmal, ob sich diese Identitäten mit der Zeit verändern. Diese Haltung kann so weit führen, daß aus einem erfolgreichen Jurastudenten ein typischer Hippie wird, wobei alle Eigenheiten der beiden Lebensformen erfolgreich übernommen werden.

Dabei ist die Täuschung der anderen lediglich eine Nebenwirkung, die mit der Fähigkeit der Dreier, ihr Image zu wechseln, verbunden ist. Dies geschieht so unmerklich, daß ein Dreier, der sich in einer Gruppe befindet, sich jedem Mitglied unbemerkt ein wenig anders zeigen kann. Den meisten Dreiern ist dies nicht bewußt, andere wissen davon und sehen es als nützliche Begabung.

»Mein Image drückt aus, wie ich mich selbst sehe und auch wie andere mich wahrnehmen. Es ist nicht unbedingt notwendig, ihren Vorstellungen zu entsprechen, sondern lediglich so zu tun als ob, was für mich am wenigsten anstrengend ist. Ziele sind wichtig, aber sie orientieren sich alle am Image.«

Manchmal geht dies schief, da sie so sehr auf ihr Image konzentriert sind, daß sie nicht merken, welche Wirkung sie damit erzielen.

>*Als ich ging, stellte ich fest, daß sie mir den Spitznamen ›Hitler‹ gegeben hatten. Ich war überrascht – ich hielt mich für einen so netten Menschen.*«

Dreier beginnen an ihrer Identifikation zu zweifeln, wenn ihnen bewußt wird, daß sie die Wahrheit beugen, um die Fassade des Erfolgs aufrechtzuerhalten.

>*Die Dinge laufen nicht gut, aber man behauptet trotzdem, daß alles in Ordnung ist, weil man sicher ist, daß es in Zukunft so sein wird … die Realität ist am Ende davon abhängig, wie ich sie mir vorstelle. So viele Hinweise entgehen mir deshalb … man belügt sich selbst, aber auch andere …*«

Oder aber Dreier sind wegen ihrer normalen Skepsis und darüber hinaus unzufrieden, wenn sie von anderen gelobt werden.

>*Es herrscht ein Mißverhältnis zwischen dem, was man bei einer bestimmten Sache empfindet, und den Gefühlen, die man zeigt, oder bedankt sich artig für das Kompliment, im Inneren aber sagt man sich: ›Sie meinen gar nicht mich damit.‹*«

Eitelkeit liegt dem Wissen des Dreiers zugrunde, daß er die Energie, die Motivation und das Können (oder den Ehrgeiz, es zu erwerben) besitzt, um erfolgreich zu sein, während anderen dies fehlt.

>*Ich habe immer gedacht, daß alle anderen ebenso ehrgeizig sind wie ich. Sie hatten nur nicht so viel Erfolg dabei. Ich empfinde noch*

*immer eine heimliche Verachtung für Menschen, die scheinbar
nicht erfolgreich sein wollen.«*

Dies wird noch unterstützt von ihrem Drang, in Aktion zu bleiben. Sie bringen ihre gesamte Energie und Motivation in ein Unternehmen ein, reagieren ohne Zögern auf eine Herausforderung, übernehmen die Verantwortung und tun, was auch immer erforderlich ist. Sie wissen, daß sie erfolgreich sein können, und werden daher durch die zögerliche Herangehensweise anderer Menschen leicht frustriert.

*»Es fällt mir schwer, mich zurückzuhalten und die anderen ihre
Sache selbst tun zu lassen, weil ich sehe, wie viel effizienter ich das
erledigen würde ... Ich muß alles selbst machen ... immer habe
ich das Gefühl, die Verantwortung übernehmen zu müssen.«*

Deshalb vermögen sich Dreier in Grund und Boden zu arbeiten. Für ihre Energie gibt es kein Mittelmaß, und sie kommen erst zum Stillstand, wenn sie ihre gesamte Kraft verbraucht haben.

*»Mein inneres Kraftwerk läuft entweder auf Hochtouren oder ist
einfach abgeschaltet – ich werde dann zum Schlamper, bringe
nicht mal die Kraft auf, mich zu rasieren.«*

Streß

Dreier blühen auf, wenn eintritt, was der Rest der Welt Streß nennen würde. Sie versuchen sich daran zu erproben, bis nichts mehr geht: öffentliches Versagen, sich viel zuviel aufladen, Krankheit, die sie zum Aufgeben zwingt, Lustlosigkeit – all dies sind Streßbeispiele für den Dreier. Unter solchen Bedingungen übernehmen sie die Eigenschaften des Neuners, verlieren ihre Konzentration und damit ihr Selbstvertrauen. Mit ihrem Selbstvertrauen kommt ihnen auch ihr Image und damit ihre Lebensgrundlage abhanden. Sie neigen dann zu Suchtmitteln – Alkohol und Drogen –, sie sind leicht beeinflußbar oder lassen sich schnell ablenken und regen sich darüber auf, daß sie sich selbst scheinbar nicht mehr voranbringen können.

»*Ich weiß, wir hatten uns darauf geeinigt, wofür ich verantwortlich war, es war meine Sache, das zu erledigen, und ich wußte, daß ich damit fertig werden würde. Dann fing das an, daß sie mir sagten, ich solle das nicht so, sondern anders machen … schließlich warfen sie mir vor, ich sei aufsässig und machte meine Arbeit nicht richtig. Ich war verwundert – wem ich auch begegnete, ich fragte mich, ob seine Herangehensweise wohl die richtige war. Ich verlor mein Selbstvertrauen. Endlich wurde ich wütend, aber als ich versuchte, mit ihnen darüber zu sprechen, brachten sie mich zum Schweigen.*«

»*Wenn mir die Dinge über den Kopf wachsen – wenn ich mir zu viel auflade, keinen Plan oder vorher nicht gründlich genug recherchiert habe –, dann erstarre ich einfach.*«

Sicherheit

In der Sicherheit zum Beispiel einer vertrauten Beziehung, in der es nicht notwendig ist, irgendwelche Rollen zu spielen, kann es Dreiern gelingen, mit ihren eigenen Gefühlen Verbindung aufzunehmen. Dies kann beängstigend für sie sein, da sie in sicheren Situationen die Eigenschaften des Sechsers, der zentralen Angstposition im Enneagramm, übernehmen.

Gefühle werden als Bedrohung erlebt, weil sie den Ablauf der Arbeit stören; wenn der Dreier sich dann sicher genug fühlt, um sie auszuleben, dann steigt sofort Angst auf, die bestätigt, daß Gefühle gefährlich sind. Das ist einer der Ursachen, warum es ihnen so schwerfällt, sich zu entspannen und nichts zu tun:

»Solange ich aktiv bin, muß ich mich nicht mit der Angst beschäftigen.«

Zweifel an sich selbst, der Situation und den eigenen Gefühlen spielen ebenfalls eine Rolle. Dreier, die sich auf dem Pfad der Selbstentdeckung befinden, berichten, daß sie sehr lange brauchen, um ihre wahren Gefühle zu erkennen.

»Ist das ein wirkliches Gefühl oder nur wieder ein Teil meines Images? Das hat mich lange Zeit zutiefst verwirrt. Sich einfach nur mit meiner Familie hinzusetzen und zu ›sein‹, war einer der schwersten Aufgaben in meinem Leben.«

Subtypen

Selbsterhaltend: Sicherheit

Im Bereich der Selbsterhaltung richtet sich die Aufmerksamkeit der Dreier auf materielle Sicherheit. Erfolg bedeutet für sie, daß sie genug und noch etwas übrig haben – und von diesem Standpunkt aus betrachtet kann es nie genug sein. Der endgültige Erfolg liegt immer in der Zukunft, setzt immer das Erreichen eines weiteren Ziels voraus.

»Ich stamme aus armen Verhältnissen. Seit ich denken kann, bin ich dazu entschlossen, daß ich niemals unter solchen finanziellen Nöten würde leiden müssen. Ich habe mit Risikokapital zu tun, und obwohl ich Ersparnisse, Besitz und ein Einkommen habe, bei dem andere mit der Zunge schnalzen würden, werde ich dieses kindliche Gefühl nicht los. Inzwischen empfinde ich es längst als Last, und ich weiß, daß es unvernünftig ist, aber ich habe diesen inneren Zwang, immer weiterzumachen, damit ich in Sicherheit bin.«

Sozial: Status und Prestige

Dreier, die sich auf ihr soziales Überleben konzentrieren, machen sich Sorgen wegen ihres Status in der Gruppe. Jedes Ziel wird danach ausgewählt, ob es ihnen zusätzliches Prestige an ihrem Arbeitsplatz oder in ihrer Gemeinschaft einbringt, und die Mitgliedschaft in einem bestimmten Club kann ein ebenso wichtiges Ziel sein wie Erfolg im Beruf.

»Ich bin der Vorsitzende zahlreicher guter örtlicher Organisationen oder sitze in ihrem Führungskomitee. Ich bin regelmäßig in den hiesigen Zeitungen zu sehen, weil ich Sammelaktionen oder Wohlfahrtsbälle eröffne – kleine Artikel, aber meine Gemeinde kennt mich und weiß, daß ich wichtige Leute außerhalb unserer örtlichen Organisationen kenne. Respekt ist mir wichtig: Man kennt und mag mich, ich werde immer freundlich gegrüßt.«

Sexuell: Männlichkeit/Weiblichkeit

Für diesen Subtyp wird die ständige Beschäftigung mit dem Image noch von dem Bedürfnis überlagert und verstärkt, je nach Geschlechtszugehörigkeit außerordentlich männlich oder weiblich zu erscheinen. Diese Dreier sind, zumindest in den Augen der Welt, äußerst erfolgreich in der Darstellung ihrer Geschlechterrolle.

»Es war mir immer schon wichtig, gut auszusehen, daß die Leute mich ansehen und sich von mir angezogen fühlen. Ich meine nicht nur in sexueller Hinsicht, obwohl ich mich, wenn ich mit einem Mann ausgehe, elegant und so kleide, wie ich weiß, daß es ihm gefällt. Ich sehe sehr weiblich aus, aber ich bin eine Geschäftsfrau. Ich bin im allgemeinen die am schärfsten angezogene Geschäftsfrau und mache meine Arbeit trotzdem so gut wie ein Mann, wenn nicht sogar besser.«

Beziehungen

Obwohl Dreier im sozialen Bereich geschickt sind und unterhaltsame und belebende Gesellschaft sein können, sind Beziehungen ein Problem für sie. Freundschaft an und für sich kennt keine Ziele und die Vorstellung, einfach zusammenzusein, vielleicht ein ganzes Leben lang, kann in ihnen Ängste und Ruhelosigkeit auslösen.

»Es kommt mir fast so vor, als würden mich Beziehungen bei den Projekten, die mir vorschweben, nur stören. Das Problem ist, eine Beziehung ist kein abgeschlossenes Ding, es gibt kein fertiges Endprodukt.«

Bei der Arbeit sind Beziehungen nützlich: Es geht darum, daß man zusammenarbeitet und eine Sache gemeinsam zu Ende bringt. Wenn es den Anschein hat, daß eine solche Arbeitsbeziehung in die Brüche geht, so wird der Dreier sie flicken, damit man weiter vorankommt, und während einigen von ihnen bewußt ist, wie die Mitmenschen auf sie reagieren, fällt anderen nicht einmal auf, wenn diese sich aufregen. Das angestrebte Ziel ist »Herr Nettundfreundlich« zu sein, auch wenn sie vielleicht andere als Trittsteine auf dem Weg zu ihrem Ziel mißbrauchen müssen. Weil sie ihre Gefühle nicht mit anderen teilen, werden sie oft für kalt, effizient und »anders« gehalten.

Persönliche Beziehungen können ebenfalls nützlich sein, um das Image zu stärken, daher bemühen sich manche Dreier sehr darum, es ihrem Partner recht zu machen und herauszufinden, was getan werden muß, damit die Beziehung klappt.

»Ich suche nach der Rolle, die ich in der Beziehung spielen kann, wenn ich sie erst gefunden habe, dann komme ich auch damit klar.«

Mit dieser Haltung sind sie jedoch nicht immer erfolgreich, vor allem wenn ihr Partner mehr Gefühl und Zusammensein verlangt. Die Partner von Dreiern können sich in größerer Gesellschaft vernachlässigt fühlen, wenn ihr Dreier ausschließlich mit seinem Image und dem Eindruck, den er auf die Menge macht, beschäftigt ist. Sie kommen sich dann überflüssig vor, ohne eigenen Wert, ein bloßes Anhängsel des Images.

Wenn eine Beziehung in das Image eines Dreiers paßt, dann fällt es ihnen schwer, zu begreifen, warum ihr Partner unzufrieden ist.

> *»Was soll ich denn für sie tun? Wenn sie mir sagt, daß sie unglücklich ist, dann gehe ich und mache den Abwasch, kaufe ihr Blumen oder hänge ein Regal auf ... Was habe ich denn falsch gemacht?«*

Dreier bringen Energie, Optimismus und Aktivität in eine Liebesbeziehung ein. Trotzdem können sie selbst in einer lebenslangen Beziehung immer unter dem Gefühl leiden, daß es zu Ende gehen könnte, entweder weil sie sich nicht liebenswert genug fühlen oder weil sie ein neues Ziel (eine neue erfolgreiche Beziehung) brauchen. Manche gehen jeglicher Intimität vollständig aus dem Weg.

> *»Beziehungen sind sehr anstrengend für mich. Ich suche mir bestimmte Leute aus und komme nur mit einem bestimmten Maß an Intensität zurecht. Es ist sehr viel leichter, wenn wir einfach Dinge gemeinsam tun.«*

Was Dreier tun können,
um ihr Wachstum zu fördern

✧ Halten Sie von Zeit zu Zeit inne, und fragen Sie sich: »Was fühle ich?«

✧ Nehmen Sie sich Zeit, um innezuhalten und einfach zu *sein*: Machen Sie Spaziergänge (aber ziellos!), beobachten Sie einen Sonnenuntergang, lernen Sie Meditation um des Meditierens willen und nicht als Aufgabe.

✧ Bitten Sie gute Freunde darum, es Ihnen zu sagen, wenn Sie mal wieder nicht Sie selbst sind oder wenn Sie eine Wahrheit zurechtbiegen. Hören Sie ihnen zu, auch wenn Sie glauben, daß sie sich irren.

✧ Beobachten Sie sich dabei, wie Sie Ihr Image nach Lust und Laune wechseln, und fragen Sie sich: »Bin ich das, oder suche ich nur nach einem neuen Image?«

✧ Achten Sie auf Körpersignale, vor allem auf Müdigkeit. Treten Sie langsamer!

✧ Nutzen Sie Körpersignale als Hinweise darauf, was Sie vielleicht fühlen.

✧ Achten Sie darauf, wie Sie die Geschwindigkeit noch weiter hochschrauben oder mechanisch agieren, während Ihr Geist mehrere Aufgaben gleichzeitig zu bewältigen sucht und zugleich die Gefühle verschiebt. Schalten Sie einen Gang zurück!

✧ Nutzen Sie Frustrationen als Erinnerung daran, sich auch einmal umzusehen und nicht blind wie ein Stier auf das nächste Ziel loszustürmen.

✧ Lernen Sie, Einfühlungsvermögen und gute Beziehungen ebenso hoch zu bewerten wie Status.

✧ Gestehen Sie sich selbst gegenüber ehrlich Schwächen und Niederlagen ein; wenn Sie sich als Schwindler fühlen, dann ist dies ein gutes Zeichen.

✧ Fragen Sie sich, was Ihnen in Arbeit und Freizeit wirklich wichtig ist, und nehmen Sie sich Zeit, dem nachzugehen.

✧ Wenn Leute Sie bitten, Zeit mit ihnen zu verbringen, dann bedeutet dies, daß sie Sie mögen, also nehmen Sie sich Zeit dafür.

Was Freunde tun können, um Dreier zu unterstützen

✧ Ermutigen Sie sie in allen oben genannten Punkten.
✧ Machen Sie ihnen klar, daß sie Ihnen unabhängig von ihren Leistungen etwas bedeuten und daß es in Ordnung ist, sich verletzlich zu fühlen.
✧ Denken Sie daran, daß sie zwar so aussehen, als besäßen sie Selbstvertrauen, in Wahrheit aber fehlt es ihnen.
✧ Kritisieren Sie sie nicht, und greifen Sie sie nicht an – das vergrößert nur ihre mangelnde Selbstachtung und verstärkt den Zyklus.
✧ Heben Sie Leistungen nicht nur hervor, indem Sie die Ergebnisse loben.
✧ Unterstützen Sie sie dabei, ihr Selbst zu erforschen.
✧ Lassen Sie sie an Ihren Gefühlen teilhaben.

Heilige Tugend und Idee
Wahrhaftigkeit und Hoffnung

Wahrhaftigkeit ist ein innerer Zustand, der es überflüssig macht, eine Rolle zu finden, mit der man sich identifizieren kann. Statt auf die anderen zu blicken, um bei ihnen Zustimmung zu finden, hat ein Mensch, der Wahrhaftigkeit lebt, die Gewißheit: »Das ist es, was und wer ich bin, und das ist genug.« Sie müssen nicht nach außen blicken und andere so wie sich selbst davon überzeugen, daß sie liebenswert sind: Sie wissen es in ihrem Inneren.

Hoffnung in seinem Kern bedeutet nicht, wie es heute meist verstanden wird, ein diffuses Wünschen. Der geistige Fokus der

Begrenzung des Dreiers, der Eitelkeit, kann in dem Satz zum Ausdruck kommen: »Ich bin derjenige, der es kann, und daher muß ich es tun.« Wenn Dreier einen Bewußtseinszustand erreichen, in dem sie wissen, daß die Essenz, ihr höheres Selbst, sich um alles, was geschehen muß, kümmert, dann erfahren sie heilige Hoffnung. Es gelingt ihnen, loszulassen und die Dinge durch sie geschehen zu lassen. Dreier, die Hoffnung und Wahrhaftigkeit erfahren, können ihre Führungs- und Leistungsfähigkeit wie auch ihre Motivation in den Dienst anderer Menschen stellen und die bedingungslose Liebe erfahren, nach der sie sich immer gesehnt haben.

Der Romantiker

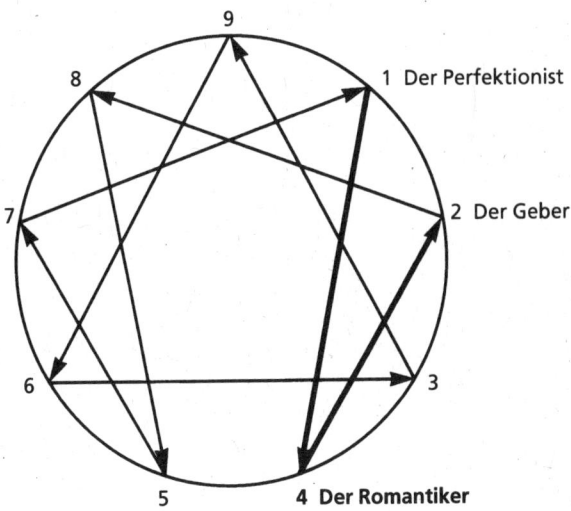

Äußeres Erscheinungsbild

Vierer bereichern das Leben durch eine intensive und dramatische Qualität. Hoffnungslose Idealisten, die sie sind, verweigern sie alles Weltliche und werden von extremen Gefühlen und Handlungen angezogen. Sie genießen Grenzsituationen und suchen in allen Bereichen des Lebens nach dem Ungewöhnlichen, Künstlerischen und Bedeutungsvollen. Was für andere eine morbide Faszination an Tod, Leiden, Geburt und den tiefsten inneren Gefühlen ist, beschreiben und werten Vierer als Tiefe und Authentizität.

Sie sind extrovertiert und auffallend, und selbst zurückhaltende Vierer ziehen durch ihre außergewöhnliche Aura die Aufmerksamkeit auf sich. Wegen ihres ausgeprägten ästhetischen Bewußtseins bringen ihre Kleidung und ihre von ihnen gestaltete Umgebung ihre Einzigartigkeit und ihr Bedürfnis nach Schönheit und Bedeutsamkeit zum Ausdruck.

Manchmal wirken sie elitär und überlegen, als ob normale Menschen nicht an ihrer verfeinerten Geisteshaltung teilhaben könnten.

Ausgesprochen kreativ und vom Standpunkt der übrigen Enneagramm-Typen geradezu überemotional, geben Vierer eine unterhaltsame Gesellschaft ab, aber sie können auch deprimierend und frustrierend wirken. Scheinbar werden sie oft von der traurigen Seite des Lebens angezogen und mit ihrer besonderen Ausstrahlung ist ein subtiles Empfinden von Mangel verbunden, als ob sie selbst und alles, was sie umgibt, eben doch nie gut genug sein können. Sie umgehen gewöhnliche Gefühle, indem sie sich besondere Ziele vornehmen, die mehr oder weniger unerreichbar sind.

»Ich bin Schauspielerin, und es gibt immer eine höhere Ebene, nach der man sich strecken kann. Ich zwinge mich, an jedem Vorsprechen teilzunehmen. Meine Vorstellungen von meinem Erfolg als Künstlerin sind mit meinen jetzigen Fähigkeiten noch nicht zu erreichen – ich muß besser werden.«

Vierer konzentrieren sich auf Beziehungen und Gefühle und daher nimmt die Suche nach dem idealen Partner den ersten Platz ein, auch wenn sie in bezug auf ihre Arbeit durchaus idealistisch sind. Die Arbeit wird schnell, wenn auch nur vorübergehend, zur Seite geschoben, wenn sich eine neue Beziehung entwickelt oder wenn eine bereits vorhandene Probleme bereitet.

Für Vierer ist die Sehnsucht nach jemandem wichtiger als der Besitz. Und so funktionieren auch meist ihre Beziehungen, es sei denn, es handelt sich um besonders vertraute Menschen. Je weiter jemand entfernt zu sein scheint und je vollkommener er aussieht, desto stärker fühlt sich der Vierer von ihm angezogen. Kommt er diesem Menschen näher und seine Schwächen werden sichtbar, so schiebt er ihn von sich fort. Die neue Distanz macht ihn für den Vierer jedoch wieder attraktiv, und das Spiel beginnt von vorn. Durch diese Nähe-Distanz-Problematik wird eine sich selbst erfüllende Prophezeiung von Beziehungen, die nicht funktionieren können, erschaffen.

Vierer scheinen sich ausdrücklich nach »negativen« Gefühlen zu sehnen. Wenn das Leben zu gewöhnlich wird oder wenn sie unter scheinbar kleinen Aufregungen leiden, dann erzeugen sie eine Gefühlskrise, werden wütend und regen sich noch mehr auf, wenn jemand versucht, sie wieder auf den Boden der Tatsachen zurückzuholen.

»Ich genieße die Angst und die anderen starken Gefühle und will an ihnen festhalten, und wenn er mich zum Lachen bringt – verdammt! –, dann kann ich das nicht – die Energie löst sich auf. Lachen führt mich natürlich aus der Situation heraus, aber ich will das nicht!«

Auf der anderen Seite sind sie, was das Leiden anderer Menschen betrifft, tief und aufrecht mitfühlend und lassen sofort ihre eigenen Sorgen fahren, um dem anderen zu helfen. Authentizität bedeutet ihnen ebenfalls viel.

»Ich will diese Macht nicht, die es für alle anderen unerträglich macht, wenn ich schlechter Stimmung bin. Manchmal fällt es mir schwer festzustellen, ob es wirklich ernst ist oder ob ich es nicht einfach sein lassen sollte. Es fühlt sich echt an, aber ich weiß, daß ich mich über Nichtigkeiten aufregen kann.«

Die Wahrheit zu kennen und auszudrücken ist ausgesprochen wichtig für Vierer.

> »Ich will wissen, wo ich stehe, egal was es mich kostet. Am meisten regt es mich auf, wenn ich mißverstanden werde – wenn ich es gut meine und erkennen muß, daß es ganz anders aufgenommen wurde.«

Anders als die übrigen Herztypen beziehen sich Vierer auf sich selbst. Zwar interessieren sie sich für Beziehungen und dafür, wie sie zustande kommen, aber ihr Image ist ein Ausdruck ihres Selbst, und sie passen es nur selten den Vorstellungen anderer an, um Zustimmung zu finden.

> »Ich weiß immer genau, welche Entscheidung ich treffen würde. In bezug auf Alltäglichkeiten oder auf Dinge, die mir nicht so wichtig sind, frage ich ihn nach seiner Meinung. Aber wenn mich etwas mit Leidenschaft erfüllt, dann tue ich es nicht. Es fällt mir schwer, etwas loszulassen, was meine Leidenschaft weckt.«

Unbewußte Vierer können moralisierende, von Schuldgefühlen geplagte und von sich selbst besessene Gefühlsmanipulatoren sein, die Aufmerksamkeit für ihren Schmerz verlangen und dabei weder Hilfe zulassen noch sich mit der Vorstellung befassen wollen, daß ihre Gefühle überzogen sein könnten.

Bewußte Vierer können kreative, charismatische und mitfühlende Menschen sein. Indem sie ihre Liebe für das Spirituelle im Leben mit der Hinnahme des Hier und Jetzt verbinden, können sie zu außergewöhnlichen Künstlern oder zu bedeutsamen Helfern für Menschen in Schwellensituationen (Hospize, Flüchtlingslager, Geburtenabteilungen) werden.

Innere Anliegen und Kindheitsszenarios

Das grundlegende Gefühl der Vierer ist, daß sie als Kind verlassen oder irgendwie von der Quelle bedingungsloser Liebe abgeschnitten wurden, und sie sind folglich darauf konzentriert, die perfekte Liebe zu finden, die sie wieder ganz werden läßt.

In Ergänzung hierzu glauben sie, daß sie wertlos gewesen sein müssen, um verlassen zu werden. Ihre unbewußte Prämisse lautet: »Ich muß außergewöhnlich und einzigartig sein, um die vollkommene Liebe anzuziehen und zu verdienen; aber im Geheimen weiß ich, daß ich sie weder verdiene noch halten kann.«

»Ich wußte schon immer, daß ich anders bin. Ich wurde von meiner Mutter bevorzugt, und es gelang mir nie herauszufinden, warum ich mich trotzdem als schwarzes Schaf fühlte. Dann entdeckte ich, daß mein Vater nicht mein richtiger Vater ist, und fing an, den richtigen zu suchen – und dabei quälte mich immer die Frage: ›Warum hat er mich verlassen, warum kümmert er sich nicht um mich?‹«

»Mein Gefühl von Verlassenheit hatte nichts mit einem Menschen zu tun, sondern mit Gott; kein Mensch konnte dem nahekommen, was ich als heilig empfand. Ich habe schon immer nach der endgültigen göttlichen Erfahrung gesucht. Ich war von etwas fortgerissen worden, was heilig ist, daher konnte ein normales, alltägliches Leben nur langweilig sein.«

Die Berichte, welche Vierer von ihrer Kindheit liefern, sind unterschiedlich. Beispiele: Ein Elternteil hat die Familie verlassen oder war viel auf Reisen; sie wurden als Babys zur Adoption freigegeben; ein Zwillingsgeschwister starb; sie verbrachten lange Zeit in Krankenhäusern; ihre Eltern verweigerten ihnen die emotionale Anbindung. Die große Gemeinsamkeit der Vierer ist die Tiefe und Spannweite ihrer Gefühle, mit denen sie die Situation kompensierten. Manche Vierer wuchsen mit dem Eindruck auf, daß ihre Gefühlswelt der Teil ihres Selbst war, mit dem etwas nicht stimmte, und verloren jeglichen Zugang zu ihm. Für die Mehrheit der jungen Vierer sind tiefe Gefühle normal, und trotzdem fühlen sie sich damit »anders«.

»Ich sagte mir, daß ich einfach mehr Nervenenden habe als andere Menschen. Kunst war eine Möglichkeit, dies auszudrücken. Als Erwachsener wurde mir klar, daß meine starken Gefühle sich durch sich selbst rechtfertigen. Es fühlte sich dennoch so an, als ob irgend etwas mit mir nicht stimmte, denn: ›Schau, ich bin etwas Besonderes, ich habe diese ungewöhnlichen Gefühle.‹«

Leidenschaft und Fixierung
Neid und Melancholie

Die Leidenschaft *Neid* untermauert das Minderwertigkeitsgefühl der Vierer. Neid ist nicht Eifersucht, sondern ein ständiges Gefühl im Herzen, daß etwas fehlt, und ein Sehnen danach, diese Leere zu füllen. Vierer suchen nach der Vervollständigung, aber es scheint, als strebten sie damit nach dem Unerreichbaren – Sie werden die meiste Zeit vom Gefühl der Enttäuschung beherrscht. Ihre Aufmerksamkeit richtet sich auf das, was fehlt, daher ist das, was vorhanden ist, niemals gut genug. Und diese Haltung bestätigt, daß ein Mangel vorhanden sein muß.

Vierer blicken sich um und meinen, wenn sie nur dieses bestimmte Ding haben könnten, dann würde alles gut. Ihr Neid kann sich auf ein ungewöhnliches Kleidungsstück beziehen, welches ein anderer besitzt, auf eine bestimmte Charaktereigenschaft oder auf seine liebevollen Eltern, auf eine schön gestaltete Umgebung oder auf die Vorstellung, daß alle anderen die vollkommene Liebesbeziehung leben, was dem Vierer gelingen wird.

Neid ist auch die Grundlage für äußerst stark ausgeprägtes Elitedenken des Vierers. Wenn er andere beneidet, dann nicht deshalb, weil er so sein will wie sie, sondern weil er wie sie seine Einzigartigkeit zum Ausdruck bringen will. Mit einer lebhaften Vorstellung davon, was die Leere füllen könnte, entwickelt er Raffinesse bei der Gestaltung seiner Umgebung und bei all seinen Handlungen. Da Vierer feinfühlig auf Stimmungen reagieren, suchen sie nach Menschen, mit denen sie diese Sensibilität und die Suche nach dem Besonderen gemeinsam haben.

»Bei mir gab es immer idealisierte Bilder – im College schrieb ich ein Gedicht über all die Mädchen, mit denen ich ausgegangen war, mit jeder war etwas nicht in Ordnung. Ich begegnete Menschen und Erfahrungen mit einer idealisierten Vorstellung, statt sie das sein zu lassen, was sie tatsächlich waren. Ich hatte eine Vorstellung davon, wie es sein sollte, und daran mußte die Erfahrung heranreichen. Diese Haltung ist charakteristisch für viele Dinge, die ich in Angriff genommen habe.«

Die Intensität ihrer Gefühle sorgt dafür, daß Vierer sich als authentisch und wertvoll empfinden, und das macht es schwer, Neid zu befriedigen; denn wenn die ersehnte Vorstellung eintrifft, dann müßte die Sehnsucht aufgegeben werden.

Die *Melancholie* verleiht dem Leben einen bittersüßen Geschmack. Das Leben ist nicht annähernd so trivial wie Glückseligkeit: Wenn Vierer Freude erleben, dann ist sie leidenschaftlich und tief empfunden, doch sie schließt das Wissen ein, daß ihr Gegenteil nie weit entfernt ist. Sie vertreten die Vorstellung, daß man für wahre Kreativität und vollkommene Liebe leiden muß, ja daß sie aus dem Leiden geboren werden.

Vierer heißen tiefe Gefühle als Quelle kreativer Energie willkommen. Sie trennen deutlich zwischen Melancholie, die sie für eine wahre und bedeutsame Emotion halten, und Depression, die sich zum jeweiligen Zeitpunkt vielleicht wahr anfühlen mag, tatsächlich aber darauf hinweist, daß man sich in einer negativen Endlosschleife verfangen hat.

> *»Ich kann von vorn beginnen, Neues schaffen. Das ist Selbstausdruck – all meine Gefühle zum Einsatz bringen. Außerdem wird mir dabei nie langweilig: Ich werde vielmehr auf zahlreichen unterschiedlichen Ebenen von Aktivität zu Aktivität getragen. Wenn ich depressiv bin, dann geht mir das verloren. Das ist der Unterschied zwischen Depression und Melancholie: Letzteres ist ein Bestandteil des kreativen Drangs, ersteres zerstört ihn.«*

Streß

Je weiter sich Vierer von ihrer Idealvorstellung entfernen, desto stärker meinen sie, sich verändern zu müssen, sei es in ihrem kreativen Ausdruck oder in ihren Beziehungen, und desto stressiger wird ihr Leben. Da sie unter Streß die Eigenschaften des Zweiers übernehmen, versuchen sie nun, sich durch Beziehungen zu retten, indem sie sich für andere unentbehrlich machen. Gleichzeitig verstärken sich ihre Schwierigkeiten, eine verbindliche Beziehung einzugehen.

> *»Es ist grauenvoll – ich werde zu einem widerlichen Speichellecker. Ich laufe rum und frage jeden, ob es irgend etwas, egal was, gibt, womit ich ihnen helfen kann. Als ob ich irgendeine Tätigkeit finden müßte, die mich in ihren Augen zu einem wertvollen Menschen macht, denn sonst bin ich ein Niemand. Ich mache bei der Arbeit Überstunden, koche allen Tee oder Kaffee und verleihe meine Klamotten, etwas, was ich unter normalen Umständen nie tun würde.«*

Sicherheit

Vierer sind Idealisten im Reich der Gefühle wie auch in ihrer ganzen Lebenseinstellung. Wenn bei der Arbeit oder in der Beziehung alles gut läuft und sie sich sicher fühlen, dann fügen sie ihrer Persönlichkeit einen weiteren Aspekt des Perfektionismus hinzu, indem sie die Qualitäten der Einser übernehmen und sich selbst und anderen noch kritischer gegenüberstehen.

»Ich bin sehr pingelig mit meinem Partner, wenn ich mir sicher bin, daß er mich liebt. Der arme Kerl, kein Wunder, daß er sich Sorgen macht, ob ich ihn verlassen will. In Wirklichkeit liegt es jedoch daran, daß er mir so viel bedeutet und daß ich es einfach nicht ertragen kann, wenn er nicht das Beste aus sich macht. Und außerdem fürchte ich mich wirklich davor, verlassen zu werden, also dränge ich ihn, sich damit zu befassen. Aber ich bin auch hart zu mir selbst. Dies könnte ein Zeitpunkt sein, an dem ich wieder einmal mit meinem neuen Selbstentfaltungskurs beginne, deshalb bin ich natürlich oft nicht zu Hause, also ... Wahrscheinlich ist es eine Erleichterung für ihn, wenn ich wieder unsicherer werde, obwohl er dann mit all den Gefühlen konfrontiert wird.«

Subtypen

Selbsterhaltend: Sorglosigkeit/Unerschrockenheit

Wenn es um die Selbsterhaltung geht, wird der Neid durch Unerschrockenheit und Sorglosigkeit in Schach gehalten. Wirklich lebendig zu sein verlangt, aus dem Vollen zu schöpfen, besonders zu sein und die Bereitschaft zu zeigen, jede mögliche Gelegenheit wahrzunehmen. Die Sicherheit einer voraussehbaren Welt widerspricht jeglicher Lebendigkeit.

»Gewöhnlich zu sein ist der Tod – ich spüre tatsächlich, wie ich sterbe –, also halte ich mich selbst am Leben, indem ich die Regeln

breche. Ich bekämpfe auf diese Weise den Neid: Es macht mich ein-
zigartig. Außerdem ist es eine Flucht vor der Einsamkeit und Sorge,
und ein hoher Einsatz, der ihr ein stärkeres Lebensgefühl gibt.«

Sozial: Scham

Der Neid kommt in der sozialen Arena vermischt mit einem Gefühl der Scham, vielleicht auch nicht gut genug zu sein, zum
Ausdruck und mit der Befürchtung, daß die Menschen dies merken und den Vierer zurückweisen könnten. Vierer versuchen
damit fertig zu werden, indem sie ihre Kreativität in die Gruppe
mit einbringen, wunderbare Gastgeber sind oder die Person darstellen, die einem Ereignis – ob auf sozialer oder beruflicher
Ebene – zu Durchbruch und Erfolg verhilft.

»Scham kann dazu motivieren, Unzulänglichkeiten durch Enga-
gement zu verschleiern. Doch war dies für mich lange ein Mittel,
um meine wahre Identität und meine Bedürfnisse zu verbergen
und nicht zum Ausdruck bringen zu müssen, für den Fall, daß sie
vielleicht nicht genügen.«

Sexuell: Konkurrenzkampf/Haß

In Paarbeziehungen geraten Vierer leicht in eine Wettbewerbs-
situation, entweder mit dem Partner oder mit einer dritten Person um den Partner. Neid wird in einen Haß verwandelt, der
sich gegen alles richtet, das des Vierers Unzulänglichkeiten ans
Tageslicht bringen könnte. Manchmal führt dies dazu, daß der
Vierer mit seinem eigenen inneren Ideal in Konkurrenzkampf
tritt und dabei weiß, daß er verlieren muß.

»Der Wettkampf ist eine Form von Neid. Meine innere Kontroll-
instanz fragt: ›Habe ich, was diese Frau hat? Bin ich so gut wie
sie?‹ Erstaunlicherweise ist eine Frau, die mir sehr unähnlich ist,

keine Bedrohung für mich, vielleicht weil sie mich wohl kaum ersetzen kann. Und bei Männern treibt mich der Zorn darüber an, daß ich mich ihnen derart überlassen habe. Ich versuche zu beweisen, daß ich gleichwertig bin.«

Beziehungen

Auch wenn Beziehungen von zentraler Bedeutung im Leben von Vierern sind, Freunden und Partnern fällt es manchmal recht schwer herauszufinden, wie sie denn zu ihnen in Beziehung treten sollen. Die emotionalen Erfahrungen können sich in Art und Intensität so stark voneinander unterscheiden, daß sie selbst und andere nur schwer erkennen können, wo sie eigentlich stehen – vor allem in Verbindung mit ihrer Nähe-Distanz-Problematik.

Wenn sich in ihnen irgendwelche Zweifel bezüglich einer Freundschaft regen, dann werden sie vorsichtig und ziehen sich zurück. Vierer müssen sicher sein, daß ein Mensch für sie da ist, ihren Wert zu schätzen weiß und bereit ist, auf ihre Gefühle zu achten und ihnen Glauben zu schenken. Selbst in einer engen Freundschaft drücken sie möglicherweise nicht aus, was sie fühlen, sondern teilen sich durch ihre Stimmungen mit.

»Ich möchte, daß du siehst, daß etwas nicht in Ordnung ist, aber ich will es dir nicht sagen. Ich will wissen, ob du mit deiner Aufmerksamkeit wirklich bei mir bist, ob du wirklich für mich da bist!«

Die Nähe-Distanz-Problematik spielt in einer Freundschaft eine geringere Rolle als in einer Paarbeziehung. Vierer sind dankbar, wenn Menschen ihre Intensität und ihr Bewußtsein für das Bedeutungsvolle und Romantische mit ihnen teilen. Wenn sie feststellen, daß sie einen wirklichen Freund gefunden haben, dann sind sie treu und großzügig.

>*Ich habe genauso viel Freude daran, wenn ich es für jemanden anderen tue, wie wenn es für mich getan wird, das Einzigartige, Wunderbare, Besondere zu schaffen – selbst wenn es sich nur um eine selbstgemalte Geburtstagskarte handelt.*«

Beziehungen und Gefühle können durch die Vorstellungskraft der Vierer künstlich aufgeblasen werden.

>*Ich suche nach dem Wahren, Authentischen, aber ich lebe in einer Phantasiewelt. Oft finden Beziehungen vor allem in meinem Kopf statt – zwischen einem und dem nächsten Rendezvous finden in meiner Vorstellung so viele weitere, scheinbar reale Begegnungen statt, daß wir schließlich vollkommen aus dem Tritt geraten. Ich weiß, daß wir bedeutsame und tiefgründige Gespräche geführt haben, aber für ihn bin ich noch immer jemand, den er erst letzte Woche auf einer Party kennengelernt hat.*«

Partner in intimen Beziehungen haben häufig das Gefühl, daß sie sich darum bemühen, die Erwartungen des Vierers zu erfüllen, jedoch kläglich scheitern. Vierer projizieren das Verlassenwerden in ihrer Kindheit auf alle anderen Beziehungen und schieben ihren Partner fort, wenn der Weg auch nur ein wenig steiniger wird oder sie eine Zurückweisung voraussehen.

>*Ich möchte lieber derjenige sein, der eine Beziehung beendet, als derjenige, der verlassen wird. Wenn ich das Gefühl habe, daß ich die Kontrolle verliere, dann wird es wirklich erschreckend.*«

Vierer freuen sich an ungewöhnlichen, interessanten Gesten, welche die Besonderheit der Beziehung bestätigen und zeigen, daß ihre Einzigartigkeit bemerkt und geschätzt wird: kleine besondere Geschenke oder Ereignisse, die allein für sie organisiert werden. Das Leben vieler Vierer wird von Romantik durchdrungen, und sie lassen sich von allem, was für sie allein bestimmt ist, berühren und beruhigen.

»Die Art, wie meine Tochter sich auf der Tanzfläche bewegt, die Art, wie er sie dabei beobachtet, die Vögel im Garten, all dies erschafft eine romantische Wolke, in der ich mein Leben lebe. Ein Abendessen kann da nichts bewirken, denn mein Tag ist bereits romantisch. Aber die Torte, welche die beiden zusammen gemacht haben ...«

Was Vierer tun können, um ihr Wachstum zu fördern

✧ Beginnen Sie mit irgendeiner Art von Sport, je nach Interesse – Hauptsache, Sie bewegen und spüren Ihren Körper, damit Sie lernen, sich selbst zu erden.

✧ Wenn Ihre Gefühle zu einer bestimmten Angelegenheit sehr stark werden, dann hinterfragen Sie sie, indem Sie zu ihrem Ursprung zurückkehren: Möglicherweise unterscheidet sich die Empfindung dort von dem, was Sie jetzt fühlen.

✧ Achten Sie darauf, wenn Sie Ihre Aufmerksamkeit auf das richten, was fehlt, und lernen Sie die positiven Aspekte schätzen, denen Sie im Hier und Jetzt begegnen.

✧ Erinnern Sie sich daran: Sie wurden in der Vergangenheit verlassen, und es ist nicht unvermeidbar, verlassen zu werden.

✧ Suchen Sie sich etwas Positives, um es zu feiern.

✧ Beginnen Sie damit, sich am Weltlichen zu erfreuen und es mehr zu schätzen: Achten Sie auf das Besondere im Gewöhnlichen.

✧ Erkennen Sie Besonderheit und Selbstversunkenheit als eine Möglichkeit, die Angst vor dem Verlassenwerden zu verbergen: Konzentrieren Sie sich auf das, was einem anderen Menschen wichtig ist.

✧ Errichten Sie Strukturen in Ihrem Alltag, die Sie darin unterstützen, konsequent zu bleiben, wenn die Gefühle sich in Ihnen aufbauen, und die Dinge zu beenden, die Ihnen nützlich sein werden.

✧ Achten Sie darauf, wenn Ihre starken Gefühle Sie dazu verleiten, sich als etwas Besonderes zu fühlen: Nehmen Sie sich Zeit, erst über sie nachzudenken, bevor Sie nach ihnen handeln.

✧ Machen Sie sich Ihren Sarkasmus und Ihre Wut als eine Methode bewußt, mit der Sie andere für Ihr Leid verantwortlich machen. Dies sorgt nur dafür, daß Sie Ihr Leid zementieren, da es ja nicht »Ihre Schuld« ist.

✧ Entdecken Sie die Qualitäten in sich selbst, die Sie an anderen beneiden.

✧ Schätzen Sie Ihren Idealismus und Ihr Einfühlungsvermögen, ohne sich daran festzuklammern.

Was Freunde tun können, um Vierer zu unterstützen

✧ Unterstützen Sie sie in allen oben genannten Punkten.

✧ Seien Sie konsequent und zuverlässig: Machen Sie ihnen klar, daß Sie sie nicht verlassen werden.

✧ Versuchen Sie nicht, etwas für sie »in Ordnung« zu bringen – geben Sie keine Ratschläge und machen Sie nicht den Versuch, sie von irgend etwas abzubringen.

✧ Seien Sie für sie da, hören Sie sich an, was sie über ihre Gefühle zu sagen haben, und glauben Sie ihnen – aber identifizieren Sie sich nicht mit den Gefühlen, erkennen Sie lediglich ihr Vorhandensein an.

✧ Geben Sie ihnen Raum – lassen Sie ihnen ihre Gefühle, und geben Sie ihnen die Gelegenheit, sie durchzuarbeiten.

✧ Erzählen Sie ihnen von Ihren eigenen Gefühlen und Reaktionen.

✧ Anerkennen Sie ihren Idealismus und ihre Authentizität.

Heilige Tugend und Idee
Gleichmut und Ursprünglichkeit

Gleichmut bedeutet, daß man mitten in einer beliebigen Erfahrung harmonisch bleibt und in sich ruht. Neid bedeutet, außerhalb der eigenen Person nach Vollständigkeit und Zufriedenheit zu suchen. Vierer, die ihren Gleichmut zurückgewinnen, erkennen, daß sie bereits alles haben, was sie brauchen, und daß sie als die Person, die sie sind, schon einen wichtigen Platz im Leben einnehmen. Es gelingt ihnen, ins Gleichgewicht zu kommen und es zu halten, und sie müssen sich nicht mehr länger in intensiven Erfahrungen verlieren, um ihren Wert unter Beweis zu stellen.

Damit geht die Erkenntnis einher, daß sie ihre Verbindung zur Essenz, zum spirituellen Selbst nie wirklich verloren haben. Aufgrund ihrer Melancholie, die durch das Verlassenwerden hervorgerufen wurde, glauben Vierer, nach der vollkommenen oder göttlichen Liebe, nach der kreativen Quelle suchen zu müssen. Sobald sie jedoch nach innen blicken, erkennen sie, daß sie ein Teil der heiligen *Ursprünglichkeit* sind. Sie vermögen dies zu feiern und können es der kreativen Quelle gestatten, sich in ihrem Leben frei auszudrücken.

TYP FÜNF:

Der Beobachter

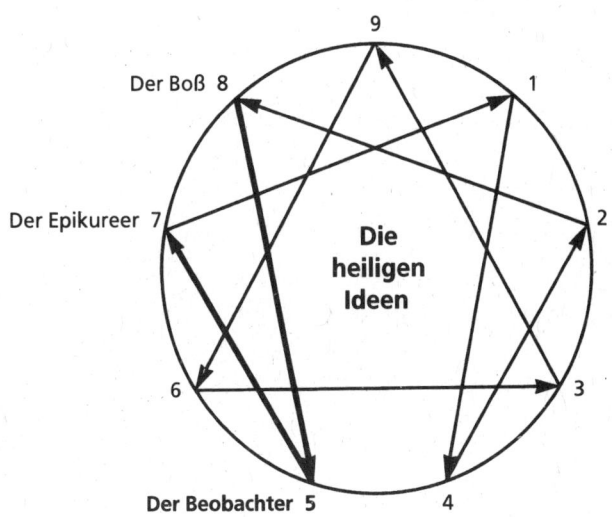

Äußeres Erscheinungsbild

Fünfer erscheinen zurückgezogen, intellektuell, konzentriert, ruhig, objektiv und emotionslos, kenntnisreich, doch wenig mitteilsam und selbstzufrieden. Sie sind Angst-Typen, die sich lieber distanziert geben als ängstlich.

Da sie sich im analytischen Reich des Verstandes am meisten zu Hause fühlen, bezeichnen sie sich selbst gern als informationssüchtig. Sie haben Spaß an Fakten und Systemen und haben möglicherweise zahlreiche Interessen oder widmen ihre Zeit einem esoterischen Thema, das nur von wenigen Menschen auf der Welt verstanden wird.

Fünfer leben sehr zurückgezogen, sind vom Umgang mit anderen Menschen schnell erschöpft, manchmal auch schon von der Anwesenheit einer einzigen Person. Sie fürchten sich vor Aufdringlichkeit und brauchen ihren eigenen, nur für sie offenen Raum, damit sie sich zurückziehen, ihre Energie zurückgewinnen und die Dinge durchdenken können. Ein solcher Ort kann ein eigenes Gebäude, aber auch ein bestimmter Sessel sein.

»Meine Kinder wissen, wenn Daddy nach Hause kommt, dann will er sich eine halbe Stunde in seinen besonderen Stuhl setzen und nicht gestört werden. Danach bin ich gerne bereit, zu spielen oder mich anderweitig mit ihnen zu beschäftigen, aber ich brauche diesen Freiraum.«

Da sie den Alltag als Beobachter erleben, abgetrennt sowohl von sich selbst als auch von den Ereignissen, fällt es ihnen schwer, ihre Gefühle und Gedanken spontan zu identifizieren. Sie benötigen die Zurückgezogenheit, um vergangene und zukünftige Ereignisse und um ihre Gedanken und Gefühle zu überprüfen. Wenn man sie fragt, wie sie sich fühlen, oder wenn man sogar eine berufliche Entscheidung von ihnen verlangt, dann muß man Fünfern zunächst gestatten, sich zu entfernen und nachzudenken, damit sie eine stimmige Antwort geben können.

»Wenn ich mit Menschen zusammen bin, und ich merke, daß sie Erwartungen an mich richten oder eine Reaktion von mir erwarten, dann bin ich weg – nicht körperlich, sondern meine Fähigkeit, auf sie zu reagieren, ist verschwunden.«

Wenn sie mit den Anforderungen einer neuen Situation konfrontiert werden, dann vermögen manche Fünfer eine Pose einzunehmen und eine Rolle zu spielen, um damit fertig zu werden.

»Ich besitze diesen Schrank voller Charaktere in meinem Kopf und ziehe sie an und aus wie Anzüge.«

Außerdem teilen Fünfer ihr Leben in einzelne Felder auf. Aktivitäten und Interessen haben alle ihren besonderen Platz, ihnen ist eine bestimmte Zeit zugemessen, und sie überschneiden sich nur selten. Geschäftskontakte können nicht zu Freunden werden und umgekehrt; unterschiedliche Freunde werden mit verschiedenen Aktivitäten in Zusammenhang gebracht. Dabei handelt es sich um einen Schutzmechanismus, der ihnen einen geheimniskrämerischen Anstrich geben kann, aber lediglich ihre Art ist, die Grenzen aufrechtzuerhalten.

»Die Konzentration auf die eine Sache, die jetzt getan wird, ist eindeutig – es scheint mir ganz natürlich, die einzelnen Sektoren des Lebens voneinander getrennt zu halten.«

Sie sind dankbar, wenn sie vorausplanen und sich vorbereiten dürfen und sind nur selten spontan.

»Auch wenn du einer meiner engsten Freunde bist, wenn du, ohne dich anzumelden, an die Tür klopfst, dann sagt mir mein Instinkt, dich fortzuschicken.«

Dies läßt sie starr erscheinen, doch sie ziehen es durchaus auch vor, wenn das Leben nicht allzu voraussehbar ist: *»Donnerstagabend Debattierklub, jede Woche, bis zum Erbrechen – würg!«*

Methodisch und konsequent, wie Fünfer sind, kann man sich darauf verlassen, daß eine von ihnen vorhergesagte Angelegenheit auch eintrifft. Doch am Arbeitsplatz oder in einem Gemeinschaftsprojekt fühlen sie sich am besten, wenn ihnen ein abgegrenzter Bereich zugewiesen wird. Wenn sie erst einmal zugestimmt haben, eine bestimmte Aufgabe zu übernehmen, dann wollen sie diese auch allein planen und ausführen dürfen.

Fünfer wirken mitunter überlegen, was man auf ihre Absonderung zurückführen kann oder auf ihre Vorstellung, daß sie nicht nur über größeres Wissen verfügen als die meisten Menschen, sondern auch zu tieferen Einsichten fähig sind und die Dinge klarer durchschauen.

»Es hört sich so großspurig an, aber ich glaube wirklich, daß ich die Dinge anders sehe als andere Leute; genauer eben … ich habe einen vollständigeren Überblick.«

Fünfer pflegen einen minimalistischen Lebensstil und brauchen sehr wenig, um durchzukommen. Ihre Regale und ihr Kühlschrank sind selten voll, sie reisen mit leichtem Gepäck und haben nur wenig Besitz – mit einer einzigen Ausnahme. In einem ansonsten leeren Raum bewahren sie eine vollständige Sammlung von Gegenständen auf, die oft, aber nicht immer, etwas mit ihrem größten Interesse zu tun haben und bei denen es sich zum Beispiel um Fotoapparate, esoterische Comics oder um Steine von den Stränden der Welt handeln kann.

Unbewußte Fünfer können zurückgezogen, mißtrauisch, kritisch, intellektuell arrogant, unfähig, sich einer Sache hinzugeben, sehr kontrolliert und ohne Beziehung zu ihren Gefühlen und der Welt sein.

Bewußte Fünfer wirken feinfühlig, nehmen bewußt wahr, sind voller Hingabe und objektive wie kreative Denker, die ihre Feinfühligkeit und ihre analytischen Begabungen derart miteinander in Verbindung bringen können, daß sie weise erscheinen statt wissend.

Innere Anliegen und Kindheitsszenarios

Fünfer haben gelernt, daß man in einer zudringlichen, bedrohlichen Welt überleben kann, wenn man sich in seinen Verstand zurückzieht und selbstzufrieden wird. Sie verringerten den Schmerz, indem sie sich von Eindrücken und Gefühlen distanzierten. Auch wenn sie körperlich nicht fliehen konnten, so ist es ihnen gelungen, unberührbar zu werden, indem sie zu den Betrachtungen der Ereignisse im eigenen Leben wurden.

»Es kann sich so anfühlen, als blickte ich über meine eigene Schulter oder von oben auf die Dinge herunter. Manchmal, wenn ich wirklich weit weg bin, kann ich sehen, wie ich mich dabei beobachte, mich zu beobachten, mich zu beobachten, drei oder vier Stufen entfernt.«

Als Kinder hatten sie zudringliche, dominierende, gewalttätige oder erdrückende Eltern. Sie erinnern sich zum Beispiel daran, daß die Eltern ihr Lieblingsspielzeug zerstörten, weil angeblich kein Platz dafür da war, oder Sie einfach nicht in Ruhe ließen.

»In der Regel flüchtete ich mich in mein Zimmer, um zu lesen, aber jedesmal – es muß innerhalb von fünf Minuten gewesen sein – brüllte sie zu mir herauf, und ich konnte spüren, wie ich kalt wurde und sich alles in mir zusammenzog, mein Herz setzte kurz aus und dann wurde ich zu einem Roboter. Ich habe die Gefühle einfach beiseite geschoben. Das ist ein guter Schutzmechanismus.«

Manche Fünfer fühlten sich weniger durch eine konkrete Person bedroht, sondern hatten eher Überlebensängste, weil sie sich von früh an um sich selbst kümmern mußten.

»Ich wußte nie genau, wann ich die nächste Mahlzeit erhalten

würde, also beschloß ich bei mir, daß das so in Ordnung war, daß ich kein Essen brauchte, um zu überleben.«

Leidenschaft und Fixierung
Habsucht und Geiz

Die Habsucht bringt zum Ausdruck, daß Fünfer immer das Gefühl haben, unter dem Mangel sicherer Überlebensmöglichkeiten zu leiden und deshalb habsüchtig alles an sich zu reißen, was ihnen Sicherheit und Unabhängigkeit verschafft. Dabei handelt es sich in der Regel nicht um materielle Dinge, da sie es gewohnt sind, ihre körperlichen Bedürfnisse auf ein Minimum zurückzuschrauben, sondern um Informationen, die ihre innere Welt bereichern und ihnen das Gefühl geben, auf den Angriff der äußeren Welt vorbereitet zu sein.

»Wenn ich schiffbrüchig oder in eine andere Katastrophe hineingezogen würde, ich bin mir sicher, ich würde überleben, während anderen Menschen dies nicht möglich wäre. Denn einerseits kann ich mit sehr wenig zurechtkommen, ja mir macht es sogar Freude, nicht zu viel zu besitzen – sonst fühle ich mich nach unten gezogen und gefangen –, zum anderen habe ich alle Überlebenshandbücher gelesen. Vor allem heutzutage scheint dies sehr sinnvoll zu sein ...«

Außerdem haben sie ein starkes Bedürfnis – eine Art Gier – nach Privatsphäre und nach Zeit.

»Unabhängigkeit ist ein Hauptanliegen – etwas, was mir sehr wichtig ist. Die innere Welt erhält sich selbst, ich könnte alleine leben und überleben. Es gab Momente, da habe ich mich einsam gefühlt, aber im großen und ganzen war es eine eher angenehme Erfahrung. Ich liebe es, allein zu sein, ohne daß irgend jemand Anforderungen an mich stellt – das ist die reine Ekstase.«

Geiz mit Notwendigkeiten ist natürlich, das sie jeden Augenblick ausgehen könnten. Für Fünfer sind die größten Notwendigkeiten Zeit, Energie und persönlicher Raum. Wachsam und aufmerksam wie alle Kopftypen reagieren sie besonders auf die Schattierungen in der Selbstdarstellung eines anderen Menschen. Wenn andere Menschen Anforderungen an sie stellen (und beinahe jede Bitte kommt ihnen wie eine Anforderung vor), dann reagieren sie ruhig, aber »*obwohl ich das geben kann, was von mir gefordert wird, gebe ich gerade so viel, daß der andere weggeht*«.

»*Meine knappe Reaktion, wenn die Leute mich fragten, wie es mir geht, bestand aus den Worten: ›Mir geht's gut.‹ – Ich sagte gerade so viel, damit sie mich in Ruhe lassen.*«

Obwohl die meisten Fünfer in vielen Bereichen sehr viel wissen, bieten sie freiwillig keine Informationen an, auch dann nicht, wenn es nützlich wäre. Dahinter verbirgt sich jedoch keine Bösartigkeit; es ist einfach sicherer, so wenig wie möglich preiszugeben. Möglicherweise glauben sie, daß ihre Informationen nicht ausreichend sind, und es kommt ihnen nicht in den Sinn, daß andere Menschen sich für das, was sie zu sagen hätten, interessieren könnten.

Ähnlich ergeht es ihnen auch in sozialen Kontakten oder bei Geschäftstreffen. Wenn die Tagesordnung nicht klar ist, dann bringt ihr Instinkt sie dazu, sich zurückzuziehen und mit der Überarbeitung zu beginnen. Da sie zu spüren meinen, daß ihre persönliche Energie begrenzt ist, befürchten sie, von unerwarteten Anforderungen und Interaktionen aufgezehrt zu werden.

»*Es besteht das Risiko, daß ich von etwas aufgesaugt werde, auf das ich nicht vorbereitet bin und für das ich keine Antwort habe … Ich habe ein ganz reales Gefühl von Gefahr, selbst bei kleinen spontanen Ereignissen, wie zum Beispiel wenn Freunde mich un-*

erwartet zu einer Party mitnehmen wollen. Ich muß meine Ver-
fügbarkeit überprüfen, was von mir verlangt wird und was ich
geben kann.«

Streß

Alles, was Fünfer dazu zwingt, sich mit Gefühlen auseinanderzusetzen oder spontan zu sein, ist für sie mit Streß verbunden.
Wenn die Angst, von etwas überwältigt zu werden, wächst, und
die Angst selbst ist ein Gefühl, welches sie normalerweise unter
den Teppich kehren, dann nehmen sie die Eigenschaften des
Siebeners an. Auf der Suche nach möglichen Fluchtstrategien
sind sie nicht bereit, sich irgendwie oder irgendwem zu ver-
pflichten und wirken zerstreut.

»Ich nehme eine Pose ein und werde zum Siebener und fröhlich
und gesellig – aber in Wahrheit bin ich Kilometer weit fort. Ich
überprüfe im Geiste alle Möglichkeiten, was passieren könnte, und
überprüfe auch, welche Fluchtmöglichkeiten mir offenstehen,
damit ich auf alle Situationen vorbereitet bin.«

Sicherheit

Wenn sie sich sicher fühlen, dann nähern sich Fünfer den Eigenschaften des Achters an. Sie übernehmen Verantwortung,
sind bestimmt und entgegenkommend und erhalten Zugang zu
ihrer Wut. Ihrer Familie gegenüber fürsorglich, können sie auch
manchmal herrisch erscheinen. Normalerweise fällt es ihnen
leichter, ihre Gefühle durch Berührungen auszudrücken, und
in sicheren Situationen wird dies noch durch körperliches
Wohlgefühl gesteigert. Die Qualitäten des Achters offenbaren
sich auch in der ruhigen Kraft, mit welcher der Fünfer seine Privatsphäre schützt.

»Freunde, die uns bisher nur auf Partys getroffen haben, sind recht schockiert, wenn wir sie zu uns nach Hause einladen. Sie geht auf Partys so sehr aus sich heraus, ist so kraftvoll, und dann zu Hause hören sie, wie ich ›tu dies, tu das, noch etwas zu trinken …‹ sage. Doch bis sie alle das nächste Mal zusammenkommen, werden sie alle lebenslange Freunde sein, da bin ich mir sicher.«

Subtypen

Selbsterhaltend: Zuflucht

Im Bereich der Selbsterhaltung, des Überlebens, bedeutet für die Fünfer Habsucht das Motto »My home is my castle« (mein Haus ist meine Burg). Viel Aufmerksamkeit wird auf das Haus gerichtet und darauf, einen warmen, sicheren Platz zu schaffen, wo sie alles haben, was sie brauchen. Dies kann zum Beispiel darin zum Ausdruck kommen, daß der Fünfer gerne allein lebt oder in einer Beziehung ein hingebungsvoller Nestbauer ist.

»Das Wort ›Zuflucht‹ spricht für sich selbst. Ich lebe in einem Haus am Ende eines Weges, das ich selbst renoviere. Es ist von Bäumen umgeben, aber ich kann aus den meisten Zimmern den Weg entlangsehen. Ich habe ein Telefon, aber der Anrufbeantworter ist immer an. An das letzte Mal, als ich jemanden in mein Haus eingeladen habe, kann ich mich nicht mehr erinnern. Wenn ich es doch tue, dann ist es eine wirklich große Sache für mich: Es bedeutet, daß ich demjenigen absolut vertraue und seine Freundschaft wünsche; dennoch fühlt es sich besorgniserregend an.«

Sozial: Totems

Soziale Habsucht handelt vom »Sammeln« von Totem, das heißt, man ist mit Personen befreundet, die in der Gesellschaft oder in der gewählten sozialen Gruppe eine symbolische Bedeutung haben. Auf diese Weise fühlen sich Fünfer in der

Gruppe sicher, weil sie einen direkten Zugang zu Informationen und zur Kontrolle haben. Es kann sich auch um totemische Informationen handeln: das Verstehen des Schlüssels oder des esoterischen Systems, welches die soziale Interaktion beherrscht – zum Beispiel das Enneagramm.

»In jeder Gruppe, zum Beispiel in dieser, habe ich fast niemals Kontakt zu den einzelnen Mitgliedern oder zum Leiter, wenn ich jedoch ehrlich mit mir bin, dann hätte ich es gern. Aber ich lasse es lieber bleiben, denn ich könnte zurückgewiesen werden. Selbst indem ich diese Aussage mache, versuche ich versteckt mit minimalem Risiko diese Verbindung herzustellen, denn jetzt wißt ihr, was ich mir wünsche. Ich habe es jedoch als Beitrag zur Gruppe zum Ausdruck gebracht, und wir könnten jetzt so tun, als sei dies mein einziges Motiv gewesen, es zu sagen.«

Sexuell: Vertraulichkeit

Der Austausch von Vertraulichkeiten in Paarbeziehungen ermöglicht es dem Fünfer, sich sicher zu fühlen. Indem man Geheimnisse miteinander teilt, hält man die Welt in Schach, und es bedeutet, daß man einander vertraut, also müssen Fünfer weder Aufdringlichkeit noch Verlust fürchten. Hinzu kommt ein körperlicher Ausdruck von Vertrautheit in einer Freundschaft oder Liebesbeziehung, der sich sicherer anfühlt als verbale Beteuerungen.

»Ich empfinde das, als würde ich die Last meiner Geheimnisse fortgeben. Wenn ich ihr meine Geheimnisse anvertraue, dann vertraue ich ihr. Ich habe ein inneres Bild von mir als Buckliger: Der Buckel besteht aus meinen Geheimnissen. Ich war daran gewöhnt, den Leuten nur die halbe Wahrheit zu sagen – ich habe sie nicht belogen, aber auch nicht die ganze Wahrheit gesagt. Jetzt lerne ich, alles preiszugeben. Das trägt dazu bei, daß ich und meine Integrität ge-

112

sehen werden, und wenn die Menschen, die mir wichtig sind, mich
und meine Geheimnisse akzeptieren, dann bin ich in Ordnung.«

»Wenn ich dich berühren darf, dann kenne ich dich; eine Be-
rührung ist wahrhaftiger, vollständiger, weniger fordernd und un-
mittelbarer als Worte – für einen Augenblick gelingt es mir, damit
zu experimentieren, und ich muß mich nicht zurückhalten. Das ist
Glückseligkeit.«

Beziehungen

Fünfer wissen, daß sie der Welt entrückt sind und sehnen sich
nach einer Verbindung. Aber da dies bedeutet, daß sie sich der
Verletzbarkeit durch Gefühle aussetzen und daß sie Aufdringlichkeit riskieren müßten, kann ihnen dies sehr schwerfallen.

Wie sehr auch immer sie einen anderen Menschen mögen,
alles, was sie als zudringlich oder fordernd erleben, läßt sie
zurückschrecken. Hingegen werden sie von Personen angezogen, die ihnen ihren eigenen Raum zugestehen. Wenn dies der
Fall ist, dann erleben sie einen sicheren Spielraum, um zu geben
und zu nehmen.

In einer Beziehung sind sie gerne über den anderen infor-
miert: Sie müssen wissen, wer ein Mensch ist, damit sie ihn unterstützen können. In der Regel wählen sie Freunde, mit denen
sie Interessen teilen, und gehen eine Beziehung zunächst auf
der Basis gemeinsamer Aktivitäten ein. Fünfer sind sich ihres
Mangels an Spontaneität bewußt und lehnen sie ab, sobald sie
jedoch entschieden haben, daß ihnen die Verbindung wichtiger
ist als die Sicherheit, erleben sie ein strukturiertes Loslassen.

»Ich habe mich in letzter Zeit mit Stegreifschauspielerei befaßt, und
das hat mir sehr geholfen – ich bin spontaner geworden. Ich denke
gleich nach und gehe Beziehungen mit Leuten ein – das ist wirk-
lich aufregend.«

Je mehr eine Freundschaft an Intimität zunimmt, desto wichtiger wird der nonverbale Aspekt. Berührungen gestatten Fünfern, sich im Hier und Jetzt zu fühlen, ohne daß sie ihre Gefühle, die sie oft erst in der Zurückgezogenheit erkennen, beschreiben müssen. Die verläßliche Anwesenheit und Festigkeit einer anderen Person gestattet ihnen, sich sicher zu fühlen.

Eine erfolgreiche intime Beziehung setzt voraus, daß der Partner das Bedürfnis des Fünfers nach Zurückgezogenheit versteht und respektiert.

>*Selbst die Katzen wissen, daß sie nicht in sein Zimmer gehen dürfen. Wenn ich klopfe und er mich auffordert einzutreten, dann kommen sie nur bis zur Türschwelle und nicht weiter. Er hat sie nicht irgendwie dazu gezwungen oder so – es ist einfach nur ein so offensichtlich verbotenes Terrain.*<

Auch ihre Abneigung dagegen, im Mittelpunkt des Interesses zu stehen, verlangt Respekt.

>*Ich brauche das Gefühl, daß ich mit mir allein sein darf – und zwar ohne Angst haben zu müssen, daß ich deshalb die Beziehung verliere. Wenn wir zum Beispiel mit dem Auto verreisen, dann schläft oder liest sie während der Fahrt. Auf diese Weise fühle ich mich in Ruhe gelassen und trotzdem ist sie da.*<

Wenn diese Bedürfnisse erfüllt werden, dann vermögen intime Beziehungen den Fünfer aus sich selbst herauszulocken und ihren Horizont zu erweitern.

>*Bis ich mit 39 Jahren geheiratet habe, dachte ich immer, Heiraten sei nichts für mich, denn ich brauche so viel Raum für mich. Aber die Ehe stellt für mich eine Verbindung zur äußeren Welt dar und zu bestimmten, sehr wichtigen Bedürfnissen in meinem Inneren.*<

Partner müssen außerdem begreifen, daß für Fünfer, auch wenn sie reserviert sind und die Beziehung in einer ihrer Lebenssegmente abgelegt zu haben scheinen, die Partnerschaft dennoch ein zentraler Punkt und wahrscheinlich der wichtigste Bestandteil ihres Lebens ist, wenn sie sich erst einmal darauf eingelassen haben.

Was Fünfer tun können, um ihr Wachstum zu fördern

✧ Werden Sie sportlich aktiv. Das wird Ihnen helfen, Ihren Körper zu erden.

✧ Schließen Sie sich einer Gruppe an, die Selbstenthüllungen fördert wie zum Beispiel eine Gestalt- oder eine mit der mündlichen Tradition arbeitende Enneagramm-Gruppe.

✧ Gestatten Sie sich, körperliche Empfindungen und Gefühle dann wahrzunehmen, wenn sie tatsächlich stattfinden.

✧ Erkennen, erleben und erinnern Sie sich an angenehme Gefühle. Machen Sie sich klar, daß nicht alle Gefühle schmerzhaft sind.

✧ Falls Sie meditieren, machen Sie sich den Unterschied bewußt zwischen Loslösung (sich selbst beobachten) und Bindungslosigkeit (niemand beobachtet).

✧ Beobachten Sie, wie Ihr Verstand sich von Gefühlen ablöst und Dinge in Abteilungen ablegt, und machen Sie sich klar, daß Geheimniskrämerei und Überlegenheitsgefühle trennend wirken.

✧ Kultivieren Sie ein Verhalten, daß Sie im Hier und Jetzt verankert, und genehmigen Sie sich Üppigkeit.

✧ Benehmen Sie sich so, als gäbe es von allem mehr als genug.

✧ Wenn Sie ein Sammler sind, dann üben Sie sich darin, Ihr Bedürfnis nach dem nächsten Gegenstand zu zügeln und andere Vergnügungen zu entdecken.

✧ Machen Sie sich bewußt, wenn Sie Ihren Raum, Ihre Zeit und

Energie kontrollieren und andere dadurch manipulieren, indem Sie beschränken, was und wann Sie geben. Versuchen Sie, die Kontrolle aufzugeben.

◇ Beobachten Sie, wie der Rückzug die Menschen manchmal dazu veranlassen kann, noch aufdringlicher zu werden. Ziehen Sie sich nicht zurück, sondern verteidigen Sie Ihr Revier.

◇ Lernen Sie es, sich in der Öffentlichkeit zu zeigen. Nicht nur die Person, die Sie darstellen, sondern auch, was Sie tun.

Was Freunde tun können, um Fünfer zu unterstützen

◇ Unterstützen Sie sie in allen oben genannten Punkten.

◇ Respektieren Sie ihr Bedürfnis nach Zurückgezogenheit, und werten Sie sie nicht als Zurückweisung.

◇ Seien Sie stetig in Ihrer Freundschaft, ohne aufdringlich zu wirken.

◇ Ermutigen Sie sie zu Aktivitäten, die im Hier und Jetzt stattfinden.

◇ Ermutigen Sie sie dazu, nach und nach ihre Gefühle zu erfahren. Berichten Sie vorsichtig von Ihren eigenen.

◇ Wenn Sie sie dazu ermutigen wollen, sich anders zu verhalten, dann tun Sie dies in Form einer Einladung und nicht einer Anforderung.

◇ Hüten Sie sich vor zu vielem Intellektualisieren und vor Diskussionen über Wachstum, statt sich auf Handlungen zu konzentrieren.

Heilige Tugend und Idee
Nichtanhaften und Allwissenheit

Eine mögliche Fallgrube für im Wachstum befindliche Fünfer ist eine verwirrende Loslösung, die mit einem höheren Bewußtsein von *Nichtanhaften* leicht einhergehen kann. Nichtanhaften gestattet Gefühlen, Erfahrungen und anderen Dingen zu kommen und zu gehen, in dem Wissen, daß das Universum die Fülle ist. Fünfer versuchen das Gefühl von Hinlänglichkeit zu erschaffen, indem sie alles an sich ziehen und an vermeintlich notwendigen Dingen für ihr Überleben festhalten. Die Loslösung ist eine Methode des Zurückhaltens und ermöglicht es ihnen zu leugnen, daß ihnen Dinge wichtig sind und daß sie sich an sie gebunden fühlen. Indem sie beginnen, ihre Energie freier fließen zu lassen und sie zunehmend mit anderen Menschen zu teilen, entdecken sie, daß diese sich selbst erneuert. Außerdem erkennen sie, wie sehr sie bisher an ihre Bedürfnisse gebunden waren. Das innere Wissen, daß das Leben selbst sich um sie kümmern wird, verschafft ihnen die Fähigkeit, zugleich einbezogen und losgelöst zu sein.

Allwissenheit bezieht sich auf den essentiellen Geist, in dem alles Wissen zugänglich ist, ohne daß es notwendig ist, zu denken oder Wissen anzuhäufen. Fünfer stellen ihre uneingestandenen Ängste ruhig, indem sie Informationen sammeln. Da ihr persönliches Wachstum sie mehr in das Reich unmittelbarer Erfahrungen und zu einem Nichtanhaften an ihrer Persönlichkeit führt, stellen sie fest, daß sie den Zugang zu einer Weisheit haben, die nicht allein dem Verstand entstammt. Sicherheit wird gefunden in einer inneren Erfahrung, die ihnen klarmacht, daß sie bereits alles Notwendige wissen.

Der Advokat des Teufels

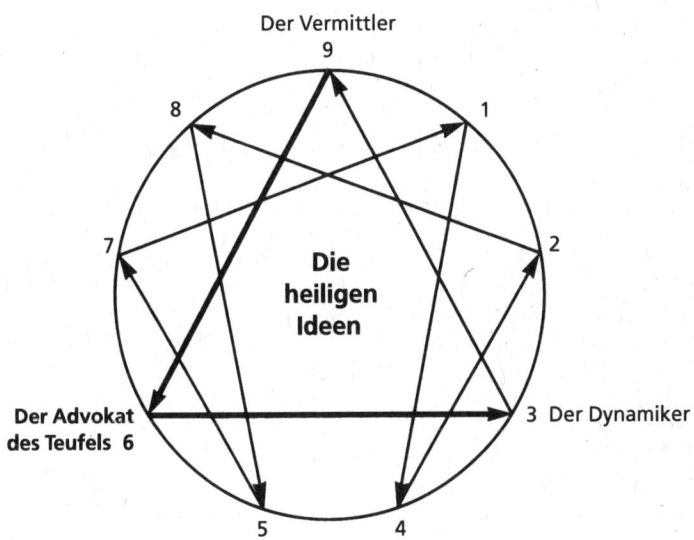

Der Vermittler
9

8   1

7   **Die
heiligen
Ideen**   2

Der Advokat   3 Der Dynamiker
des Teufels 6

5   4

Äußeres Erscheinungsbild

Sechser sind üblicherweise loyal, fleißig, verläßlich und vorsichtig sowie einfallsreiche Denker. Sie sind bessere Teamarbeiter als Anführer, und dennoch sind sie fähig, sich für unterdrückte und ungerecht behandelte Personen einzusetzen.

Sechser mißtrauen Autoritäten und vermeiden es, sich ihnen zu unterwerfen. Sie hoffen jedoch, wenn auch meist unbewußt, einen vertrauenswürdigen Führer zu finden und manche suchen die Sicherheit einer Autorität, die sie nicht in Frage stellen müssen.

Die Persönlichkeit des Sechsers zeigt sich auf vielerlei Art, von konfrontierend bis schüchtern. Es kann schwer sein, sie als Angst-Typen zu identifizieren, und auch sie selbst sehen sich oft nicht als furchtsam. Das Abzeichen ihres Typs ist eine zweifelnde Geisteshaltung, die sie ihre Entscheidungen, die Motive der anderen und die Sicherheit jeglicher Situation in Frage stellen läßt.

»Wir sind keine Angsthasen – es ist nicht die Art von Furcht, von der man in Kinderbüchern lesen kann. Ich empfinde mich selbst nicht als ängstlich – aber zweifeln und überprüfen, ja, das tue ich.«

Sie geben gute Entstörer ab, da sie sich in jeder Situation automatisch das schlimmstmögliche Ergebnis vorstellen und entsprechende Möglichkeiten einplanen, um damit fertig zu werden. Für Sechser ist diese Haltung ein Zeichen für intelligentes Denken, und sie können ärgerlich auf Menschen reagieren, die keine Katastrophenvermeidung einplanen wollen oder sie als Schwarzseher abstempeln. Sie wollen lediglich vorbereitet sein, scheinen dies in den Augen anderer Typen jedoch häufig zu übertreiben.

Als Kopftypen hat ihre Vorstellung die Kraft der Realität. Die Szenarios der schlimmstmöglichen Fälle werden derart im Kopf durchgespielt, daß Ängste zerstreut werden können, denn »es ist ja bereits geschehen«. Wenn wirkliche Gefahr droht, dann gehen Sechser mit ihr schnell, ruhig und effektiv um und können dabei sehr mutig erscheinen. Diese Qualitäten weisen sie auch auf, wenn sie den Unterdrückten verteidigen: Ihre eigenen Ängste spielen dabei keine Rolle.

»Ich empfinde das nicht als besonders mutig. Es muß einfach getan werden.«

Sie sind gute Förderer, denn sie erkennen das Potential in anderen Menschen und lieben es, ihnen bei der Entwicklung desselben zu helfen. Folglich werden auch die meisten Hilfegesuche von einem Sechser eine positive Antwort erhalten.

Trotzdem vermeiden Sechser es, Autoritätsposten zu bekleiden, und tun sich schwer im Umgang mit Erfolg. Freunde sind oft überrascht, daß Sechser gerade dann beruflich umsteigen, wenn sie knapp vor der Spitze stehen, oder daß ihnen gerade dann vermeidbare Pannen zustoßen, wenn der erfolgreiche Abschluß kurz bevorsteht.

»Ich wäre als nächster dran gewesen für eine gehobene Managementposition, und dann brach ich eines Tages ein ungeschriebenes Gesetz. Sie schubsten mich die Treppe hinunter, so schnell, wie es nur möglich war. Ich kann nicht behaupten, daß ich zum damaligen Zeitpunkt nicht wußte, was ich tat (obwohl es sich damals richtig anfühlte), ich habe mir also wohlüberlegt selbst in den Fuß geschossen.«

Außerdem können sie sich nur schlecht an Erfolge erinnern: Sie konzentrieren sich auf das, was schiefgehen könnte, also erinnern sie sich auch nur an das, was schiefgegangen *ist*. Dies verbindet sich gut mit ihrem Hang zum Selbstzweifel. Sechser stellen alles in Frage, auch ihre eigenen Fähigkeiten, daher wird Handlung oft durch Nachdenken und Zaudern ersetzt.

Immer auf der Hut vor verborgenen Tagesordnungen, können Sechser davon überzeugt sein, daß sie genau wissen, was der andere gerade denkt.

»Ich kann sehen, was du vor mir verbirgst und wie du die Welt wahrnimmst.«

Obgleich sie häufig wirkliche Einblicke in die Feinheiten und möglichen Folgen von Situationen haben, kann diese Einstellung sie zu falschen Annahmen und Projektionen verführen.

Emotional auf der Hut, ist es Sechsern unangenehm, von anderen beeinflußt zu werden, und es fällt ihnen schwer, Komplimente anzunehmen, ohne sich zu fragen, welche Motive hinter ihnen verborgen sind. Mitunter scheint es, als sei es schwer, an sie heranzukommen oder als zögen sie sich gerade in dem Augenblick zurück, wenn der andere meint, das Entstehen von Nähe zu spüren.

Unbewußte Sechser können paranoid, uneffektiv, unflexibel und beziehungsunfähig sein sowie Schwierigkeiten damit haben, Dinge in Angriff zu nehmen oder zu Ende zu bringen. Möglicherweise erscheinen sie als zurückgezogen, passiv und willfährig oder potentiell straffällig.

Bewußte Sechser wirken produktiv und einfallsreich, besitzen einen scharfen kritischen Verstand, setzen sich beschützend für Freunde und Mitarbeiter ein und sind bereit, sich auch gegen Autoritäten zur Wehr zu setzen.

Innere Anliegen und Kindheitsszenarios

Sechser entschieden früh in ihrem Leben, daß die Welt bedrohlich und potentiell zerstörerisch ist. Auf der Suche nach Sicherheit begannen sie, ihre Aufmerksamkeit auf Hinweise möglicher Bedrohung zu richten und entwickelten Wachsamkeit, Zweifel am Offensichtlichen und eine starke Vorstellungskraft.

Sehr häufig erzählen Sechser von einer wahrhaft bedrohlichen Umgebung, in der sie als Kinder aufwachsen mußten – zum Beispiel von Gewalt in der Familie oder von einem geistig instabilen oder süchtigen Elternteil, der unberechenbar zwischen Liebe und Wut hin- und herwechselte.

»Meine Mutter sagte mir immer wieder, daß mein Vater mich liebt. Aber der prügelte mich dann für Dinge, von denen ich meinte, daß

sie in Ordnung seien, oder er schlug mich bei Tisch wegen schlech-
ter Manieren. Also, erzähl mir nicht, daß du mich liebst, denn das
kann ich dir ohnehin nicht glauben.«

»Worauf kann man sich wirklich verlassen? Ich hatte nie ein Zu-
gehörigkeitsgefühl, weil da nichts war, dem ich vertrauen konnte.
Ich konnte die Stimmung meiner Mutter sozusagen schon riechen,
bevor ich zur Tür hereintrat. Wenn man sich nicht auf die Men-
schen verlassen kann, zu denen man gehören sollte, wie kann man
dann Zugehörigkeitsgefühl entwickeln?«

Sechser lernen Angst auch durch ihre Umgebung kennen.

»Meine Eltern waren Flüchtlinge, und wir lebten in einer Art
Ghetto, in dem wir eine rassistische Minderheit waren. Ich liebte
meine Eltern sehr und lernte um ihretwillen, Autorität zu fürch-
ten und zu verachten.«

Leidenschaft und Fixierung
Angst/Zweifel und Feigheit

Zweifel mehr als offenkundige *Angst* prägen den Sechser. Es ist
vollkommen natürlich, das Vertrauen zu verlieren, wenn un-
terschwellig ein Gefühl permanenter Bedrohung vorherrscht.
Außerdem verbirgt der Zweifel die Angst, da er es gestattet, die
Wahrscheinlichkeit eines ungünstigen Ausgangs als real anzusehen. Sechser sind äußerst wachsam, überprüfen ständig alles
nach möglichen Quellen der Bedrohung. Ihre Sinne sind scharf
und sie können sogar in einem überfüllten Raum mehreren Gesprächen gleichzeitig zuhören. Auf der Verstandesebene ziehen
sie Situationen, die Aussagen ihrer Mitmenschen und ihre eigenen Gedanken in Zweifel und konzentrieren sich auf die Zukunft, wobei sie sich die schlimmstmöglichen Szenarios vorstellen, in der Hoffnung, sich dann sicherer fühlen zu können.

Wachsamkeit und Adrenalinstöße sind ein fester Bestandteil der Angst. Sechser behaupten oft, daß sie sich so wohl fühlen und die Angst nicht verlieren wollen, weil sie damit auch auf die Energie verzichten müßten. Es gibt zwei klassische Reaktionen auf Angst: den Flucht- oder den Kampfmechanismus. Manche Sechsertypen zeigen, abhängig von den Umständen, beide Reaktionsmuster, aber viele entscheiden sich für das eine oder das andere.

Gegen die Angst eingestellte Sechser nehmen die Angst vorweg, indem sie sich der Gefahr aussetzen und auf sie zugehen: *»Ich bekomme als erster meine Zuteilung.«* Diese Menschen, egal ob Männer oder Frauen, können sehr aggressiv, unabhängig und unerschrocken scheinen. Ihr Knurren ist jedoch das einer sich wehrenden und nicht einer räuberischen Kreatur.

»Ein richtiger Mann muß ein Macho sein – Sport treiben, saufen, sich schlagen –, und ich habe bei all dem mitgemacht. Ich hätte doch nicht herumgehen und weibisch jammern können: ›Ich hab' solche Angst!‹ Tatsächlich fürchte ich mich einen Großteil der Zeit, auch wenn mir das erst seit kurzem klar ist.«

Sich der Angst hingebende Sechser bevorzugen die Flucht. Sie sind sich im allgemeinen ihrer Angst bewußt und vermeiden potentiell gefährliche Situationen. Sie verhalten sich vage, oft schüchtern, und meist sind es diese Sechser, die mit großer Wahrscheinlichkeit den Erfolg bewußt vermeiden, da ihnen dies ein deutlich sichtbares Profil geben und sie damit auch angreifbar machen würde.

»Ich suchte mir eine Nische – tatsächlich sogar in einer Ecke –, saß dort und machte mein Ding, selbst wenn ich nicht damit einverstanden war, wie man mich dazu aufforderte.«

Außerdem sind sie die wahrscheinlichsten Kandidaten, um eine Autorität, die sie für vertrauenswürdig halten, auszuwählen und ihr zu folgen. Damit einher geht die Gefahr, daß sie »gute« Qualitäten auf einen unwürdigen Anführer projizieren.

Feigheit ist mehr eine Facette der Vorstellungskraft als der Unwille, sich den Dingen zu stellen. Sich ständig auf ein schlechtes Ende zu konzentrieren und dies vorwegzunehmen führt dazu, daß ein Feigling viele Male stirbt, bevor ihm sein Tod tatsächlich begegnet, folglich konfrontieren sich Sechser nahezu fortwährend mit den kleinen alltäglichen Entsprechungen des Todes.

Ihr Verhalten ist nur selten das eines Feiglings, jedoch kommt diese Grundhaltung in ihren Verzögerungstaktiken, in der Projektion vorgestellter Gefühle auf andere, in ihrer ausgesprochenen Neugier und ihrem Bedürfnis, von ihrer Umgebung unberührt und unkontrolliert zu sein, zum Ausdruck.

Sechser diskutieren Dinge, nicht nur im Geiste, sondern auch während sie Informationen aufnehmen. Da sie häufig ausgezeichnete Gesprächspartner sind (auch dies ist eine Methode, die es ihnen gestattet, die Kontrolle zu bewahren), übernehmen sie leicht die Rolle als »Advokat des Teufels«. Sie bestimmen und erforschen gerne die zweifelhaften Randbereiche der Dinge und können zum Spaß entweder in die Opposition gehen oder eine klärende Rolle übernehmen.

»Du hast gestern darauf hingewiesen, daß ich das Wort ›aber‹ sehr häufig benutze. Ja, das stimmt ... aber geschieht dies nicht vor allem, um Antworten zu finden?«

Streß

Wenn sie unter Streß stehen, dann übernehmen Sechser die Eigenschaft der Dreier. Viele sind froh, daß es endlich losgeht und leiden weniger unter Angst. Es fällt ihnen leichter, mit Erfolgen umzugehen, sie geben ihre Verzögerungstaktiken auf und nutzen ihre Vorstellungskraft, um die Sache zu Ende zu bringen. Außerdem setzen sie sich bewußter mit ihrem Image auseinander, und es gelingt ihnen leichter, ihr eigenes Vorankommen zu fördern. Jedoch kann es wie bei den Dreiern geschehen, daß sie sich krank arbeiten, und damit verstärkt sich die Distanz zu ihren Gefühlen.

»Oft arbeite ich noch bis Mitternacht vor einem Abgabetermin an einer Sache. Aber ich mache meine Sache immer sehr gut, und man kann sich völlig auf mich verlassen. Witzigerweise bin ich dann am effektivsten, wenn ich von sieben Tagen vier unterwegs bin, die Betreuung für meinen Sohn und die Wäsche organisieren und auch noch eine wichtige Sitzung leiten muß. Ich habe dann keine Zeit, mir Sorgen zu machen, und ich muß mich zusammennehmen und meine Rolle glaubwürdig spielen und eben die Arbeit machen, für die ich bezahlt werde, es einfach tun.«

Sicherheit

Wenn Sechser es sich gestatten, sich eine Weile in Sicherheit zu wiegen, dann werden sie weich, warm und liebevoll oder sehnen sich danach, neue Verbindungen herzustellen. Wie Neuner können sie dann einfach mit Freunden beisammensein und es genießen, daß sie für den Moment von ihrem Bedürfnis nach Wachsamkeit und Hinterfragen verschont sind. Paradoxerweise halten sie dies nicht lange aus, da durch die Unsicherheit des Nichtzweifelns die Angst erneut geschürt wird. Da Neuner nicht gerade zu den Initiatoren gehören, verstärken lange Perioden der Sicherheit die Tendenz der Sechser zur Passivität.

»Ich liebe es, mit meiner Familie beisammenzusein und einfach das zu tun, wozu wir Lust haben. Der Sonntagmorgen mit einem riesigen Frühstück und der Zeitung ist mir heilig. Sonntagabend

jedoch sitze ich in meinem Büro und bin vielleicht die ganze Nacht auf, um alle möglichen Dinge zu erledigen. Meiner Frau ist es lange Zeit sehr schwergefallen, den Sonntagmorgen mit dem Sonntagabend in Einklang zu bringen.«

Subtypen

Selbsterhaltend: Wärme/Zuneigung

Auf der Ebene der Selbsterhaltung gehen Sechser mit Angst um, indem sie potentielle Feindseligkeit entwaffnen, warm, gewährend, liebevoll und treu sind. Obwohl all dies in der sozialen Arena stattfindet, so ist es doch auch eine Methode, um mit der Sorge über Sicherheit und persönliches Überleben umzugehen.

»Ich schließe mich gerne einer Gruppe an, und ich finde es schön, meinen Freunden etwas zu geben und miteinander Spaß zu haben. Auf diese Weise fühle ich mich zugehörig und damit sicher. Wenn ich glaube, daß mich jemand betrogen hat, dann versuche ich im allgemeinen, es herauszubekommen, auch wenn es dann entsetzlich weh tut.«

Sozial: Pflicht

Hier wird der Gruppe gegenüber eine Loyalität manifestiert und der Wunsch, sich mit einer sozial wertvollen Gruppe zu verbinden und sie aktiv zu unterstützen. Familienbande sind wichtig, selbst dann, wenn ihre Aufrechterhaltung nicht immer einfach oder angenehm ist. Normalerweise ist der Blick vor allem auf unterprivilegierte und andere Gruppen gerichtet, deren Anliegen sich der Sechser verpflichtet fühlt.

»Mein Vater hat mich zum Anführer erzogen, und Anführer haben Verantwortung. Manche meiner Geschwister waren Rebellen, aber ich habe fleißig gelernt, gute Noten nach Hause gebracht,

keine Probleme gemacht und meine Ferien als Gruppenführer in einem Freizeitlager für arme Kinder verbracht. Es fällt mir schwer, mir das einzugestehen, aber die Meinung meines Vaters zu den Dingen, die ich tue, ist mir noch immer wichtig. Bewußt habe ich mich irgendwann dazu entschieden, kein Anführer zu sein, aber manchmal frage ich mich, ob ich es nicht doch hätte sein sollen, ob es eine Art Betrug ist, meinen Verstand, wie er das ausdrücken würde, nicht voll zum Einsatz gebracht zu haben.«

Sexuell: Stärke/Schönheit

Der Instinkt dieses Subtyps ist es, andere zu beeinflussen, um selbst nicht beeinflußt zu werden. Sie tun dies mittels Stärke und/oder Attraktivität. Ihre Stärke steht vielleicht im unentwegten Dienst einer Sache oder verbirgt sich hinter persönlich »mutigem« Verhalten wie Fallschirmspringen, Motorradrennen und so fort.

»Ich glaubte lange, ich sei ein Dreier, weil ich die Dinge, die getan werden mußten, ohne Zögern anpackte. Die Leute behaupteten von mir, ich sei mutig, aber ich habe das nicht so gesehen. Ich konnte die Rolle nur gut spielen – das richtige Make-up auflegen, die Aufmerksamkeit der Leute auf mich und meine Sache lenken. Ich hatte mehrere relativ lang anhaltende Beziehungen, aber ich war so entschlossen, nicht in eine Abhängigkeit zu geraten, daß ich, wie ich heute weiß, genau das verlor, wonach ich suchte: die Intimität einer gleichberechtigten Partnerschaft.«

Beziehungen

In Freundschaften wie auch in Liebesbeziehungen suchen Sechser Menschen, mit denen sie sich gegen die (bedrohliche) Welt verbünden können. Es ist ihnen wichtig, ihre Freunde und Partner genau zu kennen, daher stellen sie viele Fragen, ohne aber von sich zu erzählen, bis sie das Gefühl haben, daß Vertrauen angebracht ist.

Sie drücken Freundschaft und Liebe durch Handlung, gemeinschaftliches Arbeiten und die Unterstützung des anderen aus. Sie haben Freude an intellektuellem Engagement und bringen viele gute Ideen hervor, und es kann daher frustrierend sein, daß Sechser wenig als Initiatoren auf den Plan treten, sondern es vorziehen, daß ihr Partner die Führung übernimmt.

»Ich drücke meine Gefühle durch meine Loyalität aus, indem ich dich an die erste Stelle setze. Wenn du einen Sieg davonträgst, dann fühlt es sich für mich so an, als hätte ich ihn selbst errungen – es ist ein so starkes Gefühl. Ich stehe nicht im Mittelpunkt der Aufmerksamkeit, wir haben das zusammen gemacht, und ich kann selbstlos sein. Mir gefällt das.«

Der Zugang zu ihren Gefühlen fällt ihnen schwer und ängstigt sie. Sie fühlen sich sicherer, wenn sie wenigstens etwas Kontrolle über die Situation haben.

»Es ist erschreckend, wenn mir jemand wichtig ist – ein Mensch, nicht die Dinge, die wir gemeinsam machen. Wenn ich mich dieser Person öffnete, und sie stürbe dann oder ginge fort, das wäre vernichtend für mich – und das macht mich wütend.«

In Liebesbeziehungen kann es Jahre dauern, bis Sechser erkennen, daß sie emotional beteiligt sind.

»Ich war bereits seit sieben Jahren in dieser Beziehung, als ich endlich mit den Gefühlen, die sie in mir auslöste, in Berührung kam. Und dann wußte ich auch, warum – es war beängstigend. Zu guter Letzt kamen diese Gefühle für die Frau, die ich liebe, in mir hoch – aber, Gott, das hat meine ganze Sichtweise und die Art, wie ich denke und mit dem Leben umgehe, verändert.«

Selbst dann, wenn Sechser lieben und seit vielen Jahren dazu stehen, kehrt der Zweifel immer aufs neue zurück. Dies mag für den Partner sehr verwirrend sein, da er vielleicht nicht durchschaut, daß der Ausdruck dieses Zweifels bereits ein Zeichen von Loyalität ist.

»Liebe ist vorhanden, eine Bindung besteht. Der Zweifel wird kommen, aber wenn man sich gebunden fühlt, dann bleibt man auf jeden Fall. Liebe ist sehr stark und unmittelbar und bedrohlich, daher muß man in den Kopf flüchten. Während man zweifelt, fühlt man die Liebe vielleicht nicht, aber das Schöne ist, daß die Liebe, weil man weiß, daß man bleiben wird, zurückkommt. Ich bin für den Rest meines Lebens hier, und mein Verstand kommt und geht. Liebe ist viel größer als einfach nur Gefühle.«

Was Sechser tun können, um ihr Wachstum zu fördern

◇ Nehmen Sie eine körperliche Betätigung auf, um Ihr Bewußtsein aus Ihrem Kopf heraus in Ihren Körper zu lenken, achten Sie auf körperliche Anspannungen und entspannen Sie sich.

◇ Seien Sie vorsichtig mit Wachstumsmethoden, deren Grundlage die Verstandesebene ist; gleichen Sie sie mit körperlicher Betätigung aus.

◇ Achten Sie darauf, wann paranoide Gedanken und Projektionen in Ihnen aufsteigen, und fragen Sie sich, was sich hinter ihnen verbirgt.

◇ Stellen Sie sich von Zeit zu Zeit die Frage: »Bilde ich mir das alles bloß ein? Ist das eine echte Intuition oder eine Projektion?«

◇ Bitten Sie Freunde um Feedback und um die Überprüfung Ihres Realitätsbewußtseins: »Das ist es, was sich meiner Meinung nach ereignet. Deckt sich das mit der Realität?«

✧ Nehmen Sie sich die Zeit, sich an vergangenen Erfolgen und Leistungen zu erfreuen, und gratulieren Sie sich zu den gegenwärtigen.

✧ Machen Sie sich bewußt, wie sehr Zweifel Beziehungen beeinträchtigen (»Kann ich ihnen wirklich vertrauen?«), und üben Sie sich darin, Vertrauen aufzubringen.

✧ Achten Sie darauf, wann Sie die Macht an andere abgeben, und werden Sie zu Ihrer eigenen Autorität.

✧ Werden Sie sich bewußt, wenn Sie Autoritäten in Frage stellen, statt Gemeinsamkeiten zu finden.

✧ Nehmen Sie Ihre Zweifel und Ihre Ambivalenz an; üben Sie, eine Wahl zu treffen, und handeln Sie danach.

✧ Achten Sie darauf, wenn Sie Handeln durch Denken ersetzen; lernen Sie, Ihr Gefühl im Bauch wahrzunehmen und ihm zu vertrauen.

✧ Nutzen Sie Ihre Vorstellungskraft, um angenehme Möglichkeiten zu schaffen; manchmal sollten Sie einfach bedrohliche Szenarios über ein vernünftiges Maß hinaus aufblasen, damit Sie sie entkräften und über sie lachen können.

✧ Gegen die Angst eingestellte Sechser: Bevor Sie handeln, fragen Sie sich, ob es angemessen ist oder ob Sie irgend etwas beweisen müssen.

Was Freunde tun können, um Sechser zu unterstützen

✧ Unterstützen Sie sie in allen oben genannten Punkten.

✧ Erinnern Sie sie an angenehme Alternativen, um die negativen auszugleichen; unterstützen Sie sie darin, der Zukunft zu vertrauen.

✧ Ermutigen Sie sie, positive Handlungen zu initiieren.

✧ Nehmen Sie ihre Ängste ernst, bevor Sie sie darin unterstützen, sie zu überprüfen.

✧ Wenn Sie sie dabei beobachten, wie sie in die Projektion

gehen oder dabei sind, sich selbst zu sabotieren, sagen Sie ihnen, was Sie sehen, und bieten Sie ihnen an, Sie als Resonanzboden zu benutzen.

✧ Teilen Sie ihnen Ihre Gedanken und Gefühle mit.

✧ Seien Sie in Ihren eigenen Handlungen konsequent und vertrauenswürdig.

Heilige Tugend und Idee

Mut und Glaube

Mut heißt, der Intuition des Körpers und des Herzens so weit zu vertrauen, daß nach ihr gehandelt werden kann. Wenn ein Auto auf Sie zuschießt, dann wartet der Körper nicht darauf, daß der Verstand ihm mitteilt, was zu tun ist. Zweifel stellt selbst den Instinkt in Frage, der Mut durch Sicherheit neu erschafft. Manche Sechser haben ein Gefühl für den Herzzustand des Muts, wenn sie einmal mitten in katastrophaler Gefahr genau wußten, was zu tun ist, und es einfach taten. Sechser, die diese Bewußtheit als ein Mittel ihrer täglichen Existenz erlangen, gestatten der unmittelbaren Erfahrung des Lebens, sie zu berühren und reagieren mit Sorgfalt und angemessenen Handlungen.

Glaube kann nicht durch Beweise hervorgerufen werden. Sechser betrachten die Welt auf der Suche nach Beweisen, an die sie glauben können, und ein einziger negativer vermag Jahre wertvoller positiver Signale auszulöschen. Wenn eine Projektion die Kraft und Glaubwürdigkeit besitzt, die nur ein furchtsamer Geist hervorzubringen vermag, dann fällt es Sechsern schwer einzusehen, daß sie im Äußeren nach einer Erklärung für die Bedrohung suchen, die vielleicht nur in ihrem Inneren existiert und ein Produkt ihrer Geisteshaltung ist.

Indem sie sich darin üben, Vertrauen zu haben, anfangs vielleicht allein mittels Willenskraft, erreichen Sechser einen inneren Zustand des Glaubens, der sich einfach auf eine wahrhaft positive Erfahrung richtet, ohne automatisch ihren Wahrheits-gehalt in Frage zu stellen oder nach verborgenen negativen Ei-genschaften zu suchen.

TYP SIEBEN:

Der Epikureer

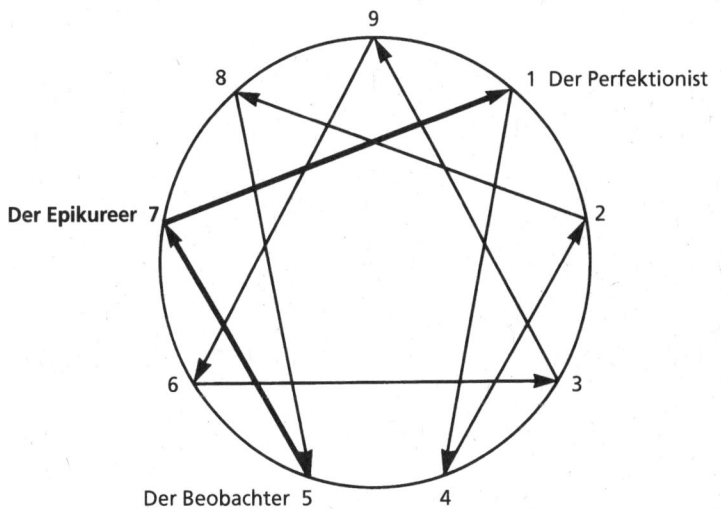

Äußeres Erscheinungsbild

Siebener sind die ewigen Optimisten im Enneagramm, Angst-Typen, die das Gegenteil von ängstlich zu sein scheinen. Sie sind fröhlich, voller Energie, charmant, gesellig und phantasievoll. Siebener sind arbeitssüchtig, aber es fällt ihnen schwer, Projekte zu Ende zu bringen. Sie verfolgen viele Interessen gleichzeitig und sie können keinen Schmerz ertragen. Anderen, ernsteren Typen erscheinen sie leicht oberflächlich.

Das Leben wird scheinbar als großer Spielplatz erlebt, in dessen Zentrum der Siebener steht und alle Vergnügungen ausprobiert. Es macht ihnen Spaß, ihre Freude mit anderen zu teilen und dafür zu sorgen, daß sie sich gut fühlen, sie können jedoch auch ausgesprochen ichbezogen sein. Wenn schmerzhafte Erfahrungen bevorstehen, dann entziehen sie sich, entweder körperlich oder indem sie sich in die Phantasie flüchten. Werden sie gedrängt, den Schmerz anzuerkennen, dann rationalisieren sie ihn.

»Wenn ich den Eindruck habe, daß ein Haufen schwere, negative Energie auf mich zukommt, dann gehe ich als erstes nach innen, um einen Plan auszuarbeiten und herauszufinden, wie ich mich diesem Gefühl, was immer es auch genau sein mag, entziehen kann – es verändern oder statt dem halb leeren das halb volle Glas zu sehen.«

Siebener mögen es, wenn sie sich, sowohl in bezug auf den Arbeitsplatz als auch in der Freizeit, so viele Optionen wie möglich offenhalten können. Sie sind natürliche Netzwerker und haben oft mehrere Jobs nebeneinander. Ihre Art des Denkens ist global, und sie haben Spaß daran, Ideen und Menschen zusammenzubringen, die scheinbar nichts miteinander zu tun haben, um neue Synthesen zu erzeugen.

»Ich bin praktische Ärztin; aber ich mache auch Beschäftigungstherapie. Ich habe zahlreiche Hobbys, und ich lese die ganze Zeit – sechs oder sieben Bücher gleichzeitig. Außerdem mache ich die Buchhaltung für den Betrieb meines Mannes. Dann kommt noch meine ehrenamtliche Arbeit hinzu. Und jetzt interessiere ich mich sehr für Krankenbegleitung mittels geführter Phantasien, und deshalb habe ich mit einem Ausbildungsprogramm zu diesem Thema begonnen.«

Etwas zu erträumen und in Gang zu bringen, macht Siebenern Spaß, vor allem wenn andere einbezogen sind. Doch ihre Vorstellungskraft ist so mächtig, daß sie, wenn sie erst einmal in Bewegung gesetzt ist, dazu verleitet, alle anderen Projekte bereits als abgeschlossen zu betrachten. Da sie auf den Prozeß und weniger auf die Resultate konzentriert sind, verschieben sie, wenn ein Projekt zu scheitern droht, einfach die Torpfosten oder widmen sich einem neuen Plan, während sie erklären, daß das scheinbare Scheitern in Wahrheit ein Vorteil ist.

Mit ihren vielen Möglichkeiten besitzen sie auch Schlupflöcher, durch die sie entkommen können, wenn sie sich in die Enge getrieben fühlen, dies macht sie schwer faßbar. Siebener empfinden sich selbst als zuverlässig, doch es kommt vor, daß sie ihre Arbeit wegen ihrer vielen Interessen zwei- oder dreimal vergeben.

Da sie es hassen, in irgendeiner Weise eingeschränkt zu werden, tun sie Dinge auf ihre eigene Art und in ihrem Tempo. Wenn es ihnen nötig scheint, rationalisieren sie ihre Handlungen oder verändern nachträglich die abgesprochenen Grundlagen, um Schmerz, Demütigung oder Langeweile zu vermeiden, ohne daß ihnen dabei klar wird, daß andere sich im Stich gelassen oder betrogen fühlen könnten.

»Ich kann absolut alles rationalisieren. Ich habe in der Vergangenheit Dinge getan, die nicht besonders ehrenwert waren. Ich habe sie rationalisiert, damit es nicht mehr länger weh tut. Der eigentliche Gauner war der andere. Oder ich sagte mir, ich verdiene es – das ist eine große Sache, und ich verdiene wirklich das Beste im Leben.«

Siebener sind selbstbezogen und können narzißtisch sein. Auch wenn sie mit ihren Freunden Spaß haben, ihr Interesse ist letztlich doch immer bei ihren eigenen Bedürfnissen und Vergnügungen. Mit ihren tieferen Gefühlen können sie keine Verbindung herstellen.

»Ich möchte nicht, daß man von mir glaubt, ich sei oberflächlich. Ich finde nicht, daß ich das bin ... nicht, daß ich keine tiefen Gefühle habe, aber ich möchte sie eben nicht zeigen. Ich werde oft unterschätzt oder mißverstanden. Aber im allgemeinen ist alles in Ordnung, denn ich habe ständig etwas zu tun.«

Wenn Siebener mit den Problemen ihrer Mitmenschen konfrontiert werden, dann wollen sie sie so schnell wie möglich lösen, damit das Leben fröhlich weitergehen kann.

»Der ›Allesreparierer‹ ist wirklich die richtige Bezeichnung für mich, ich finde es einfach sinnvoll, Dinge zu reparieren, in Ordnung zu bringen, damit die Probleme gelöst sind. Ich habe dann das Gefühl, daß ich sofort aufspringen und gleich loslegen will. Warum solltest du mir deine Probleme erzählen, wenn du nicht willst, daß ich sie für dich löse – also ich würde dir meine Probleme jedenfalls nicht erzählen.«

Siebener glauben wie Fünfer, daß sie voller Möglichkeiten stecken, daß sie in allem, mit dem sie sich beschäftigen, glänzen können. In ihren Augen haben sie Anspruch auf das Beste.

»Nun, ich habe so viele Ideen und Interessen. Wenn er mit mir reden will, dann muß er erst meine Aufmerksamkeit erringen. Sonst wende ich mich einfach wieder meinen Interessen zu. Wenn ich kapiere, daß es ihm tatsächlich wichtig ist, dann muß ich wirklich höflich sein und mich zwingen zuzuhören.«

Unbewußte Siebener können ichbezogen, gierig, verlogen und heuchlerisch sein. Vergnügungssüchtige, die in ihrer Sucht, alles zu erleben, schnell gelangweilt und vollkommen rücksichtslos sind. Sie können auch unkonzentriert, rebellisch und selbstzerstörerisch wirken.

Bewußte Siebener erscheinen enthusiastisch, aufmerksam, großzügig, kreativ und mitfühlend. Sie können ihre weitreichende Vorstellungsgabe und ihre Macht, eine Synthese herbeizuführen, und ihre Menschenliebe sinnvoll einsetzen, um individuelle und weltweit bedeutsame Projekte zu unterstützen.

Innere Anliegen und Kindheitsszenarios

Siebener hielten als Kinder Schmerz von sich fern, indem sie mit ihrer Vorstellungskraft angenehmere Möglichkeiten schufen. Wenn eine Situation sich als schmerzhaft entpuppte, dann lernten sie, ihr gerade so viel Aufmerksamkeit zu schenken, um nicht in Schwierigkeiten zu geraten, während sie sich zugleich fast vollständig auf innere Visionen wunderbarer Möglichkeiten konzentrierten.

>*Wenn ich mich langweile oder ängstige, dann gehe ich einfach fort. Ich setze einen Gesichtsausdruck auf, als sei ich noch immer interessiert, doch meine Aufmerksamkeit ist woanders. Gerade eben zum Beispiel befand ich mich jenseits dieses Fensters und stellte mir vor, was dort los ist, was ich gerne tue, wenn die Sonne scheint, mit welchen Leuten ich es gerne tue und womit ich mich dann später beschäftigen werde. Es fühlt sich real an und nimmt mich ganz in Anspruch.«*

Sie lernten außerdem, die Gegenwart zu glorifizieren, wenn sie gut war, und sich an die Vergangenheit nur selektiv zu erinnern. Siebener berichten im allgemeinen selten von einer unglücklichen Kindheit.

>*Meine Erinnerungen an die Vergangenheit sind eine Wiederholung all der fröhlichen Familienfilme, die mein Vater aufgenommen hat – das kleine Mädchen, das herumrennt und sich des Lebens freut. Doch wenn ich mit den Leuten darüber spreche, dann weiß ich, daß es nicht so gewesen sein kann.«*

Narzißmus und Vergnügen wurden die unbewußte Tarnung für ihre Angst davor, verurteilt, zurückgewiesen oder erniedrigt und, als Erwachsene, ihres sicheren Selbstbilds beraubt zu werden.

»Noch als ich sehr jung war, verbarg ich meine Gefühle, um über-leben zu können. Vor kurzem erinnerte ich mich daran, daß es in meiner Kindheit einige grauenvolle traumatische Ereignisse gab. Die zugehörigen Gefühle hatte ich verdrängt. Ich wollte diesen Schmerz nicht noch einmal spüren müssen, das Verlassenwerden, die Trennung, den Mangel an Liebe, die Erniedrigung.«

Leidenschaft und Fixierung
Unersättlichkeit und Planung

Unersättlichkeit ist die emotionale Gewohnheit, die Angst in Schach zu halten, indem man sich auf die unzähligen vergnüg-lichen Möglichkeiten konzentriert. Siebener lassen sich nicht auf eine gute Sache ein, um sie in all ihrer Tiefe zu erfahren, sondern sie sammeln ein klein wenig von allem Guten, was ihnen zugänglich ist.

»In allem, was ich tue, reizt mich das Einfache, das Banale am meisten. Zum Beispiel mag ich bei meinem Essen eine Mischung aus unterschiedlichen Konsistenzen und Geschmäckern. Neue Projekte – ah, dieses Potential – dies wird endlich das richtige sein, auf das ich schon immer gewartet habe – bis es mir zu anstrengend wird oder das nächste Projekt kommt. Mein Ziel ist es, in allem Er-fahrungen zu sammeln.«

Oft verdeckt die Unersättlichkeit die Angst vor tief empfunde-nen Gefühlen. Siebener wollen vorankommen, aus einer Si-tuation heraustreten und sie nicht fühlen müssen.

»Wenn mir irgend etwas Schlimmes widerfährt, dann finde ich sofort eine Menge Dinge, die meine Aufmerksamkeit auf etwas anderes lenken. Passivität oder einfach nur herumhängen und in Gefühlen schwelgen ist, wenn ich ehrlich bin, beängstigend. Ich denke mir: ›Was soll's, wir sind durch damit, also, weiter geht's mit dem Leben.‹«

Weil sie von einer Erfahrung in die nächste rutschen und in ihrem Geist leben, wo es keine Grenzen für jegliche Art von Erfahrungen gibt, wirken Siebener oft unnahbar.

»Die meiste Zeit bin ich gar nicht da – ich befinde mich in der Zukunft, und dort ist es sehr angenehm. Warum sollte ich zurückkommen?«

Bei der *Planung* als geistige Beschäftigung geht es nicht um die Liste mit zu erledigenden Dingen, auch wenn dies dazugehört. Die Aufmerksamkeit der Siebener richtet sich darauf, wie sie all das erleben können, was sie sich wünschen. Sie sagen, daß es einfach Spaß macht zu planen, egal ob die Pläne in die Tat umgesetzt werden oder nicht. Manchmal macht das Planen sogar mehr Spaß als die eigentliche Handlung. Für sie ist es eine Art, für alle Möglichkeiten offen zu sein.

»Es ist ein bißchen wie an einem dieser Zeichentische, die man in jede Richtung verstellen kann – alle Möglichkeiten liegen vor mir ausgebreitet, mein ganzes Leben. Immer, wenn sich irgend etwas verändert, bringe ich nur meinen Plan auf den neuesten Stand. Er beinhaltet Ziele, aber die Wege, um sie zu erreichen, sind vielfältig. Die Ziele verändern sich nicht, aber meine Mittel, und die Ziele können vor und zurück verschoben werden, je nachdem ...«

Planen ist ein Mittel, um Schmerz aus dem Weg zu gehen, und wird intensiviert, sobald etwas Bedrohliches geschieht.

»Irgendeine projizierte Angst bezüglich der Zukunft, und der Verstand beginnt zu rasen ...«

Da der Plan allumfassend scheint, identifizieren sich Siebener mit ihm. Scheinbar spontan, scheuen Siebener erstaunlicherweise zurück, wenn eine neue Idee oder eine unerwartete Bedrohung hinzukommt.

»Wir haben uns beinahe getrennt, weil meine Frau nicht aufhören wollte, eines meiner Spekulationsobjekte zu kritisieren. Ich habe einfach nicht begriffen, daß sie den Plan und nicht mich angriff – und für mich fühlte es sich wie ein Angriff an. Sie wollte mich lediglich davor warnen, weil ihr Gefühl ihr sagte, daß dies alles Zeit- und Geldverschwendung sein würde. Sie wußte nicht, daß ich mich so fühlte, als hinterfrage sie meine gesamte Gültigkeit als Mensch.«

Streß

Siebener begegnen Streß, wenn feste Grenzen vor ihnen auftauchen – zum Beispiel unvermeidliche Termine im Beruf oder emotionale Konfrontationen. Die Angst davor, kritisiert zu werden und Fehler zu machen, die für Siebener normal, wenn auch unbewußt ist, wird intensiviert und bewußt, sobald sie in Streßsituationen in die Rolle des Einsers schlüpfen. Sie werden reizbar, kleinlich, wütend auf alle, die ihnen in die Quere zu geraten oder sie zu tadeln scheinen, sowie selbstkritisch, und ihre Standards sind mit einem Mal sehr hoch angesetzt.

»Es ist schmerzhaft. Es ist beängstigend. Alles wird unheimlich dringend, als hätte es schon geschehen sein sollen, und ich werde wirklich wütend, weil es eben noch nicht geschehen ist. Ich schlage nach jedem aus, der mir zu nahe kommt – gerade die, die ich am meisten liebe, verletze ich am stärksten. Und ich trete nach Möbelstücken und brülle sie an – sie sind mir im Weg – sie hätten ir-

*gendwo anders stehen sollen. Aber ich setze eine Menge Energie
frei, und die Dinge werden erledigt – das müssen sie.«*

Sicherheit

In einer sicheren Situation übernehmen Siebener die Eigenschaften des Fünfers. Sie sind damit zufrieden, die Zeit allein mit
einem guten Buch zu verbringen, und ziehen sich ein wenig aus
Beziehungen zurück. Sie sind nicht gerade erpicht darauf, allein
zu sein, aber sie sind eher als sonst damit zufrieden, eine Rolle
im Hintergrund zu spielen. In Liebesbeziehungen kann diese
Haltung Schwierigkeiten hervorrufen, da Rückzug als Zurückweisung gewertet werden könnte und da das Unbehagen, welches Siebener angesichts tiefer Gefühle empfinden, in der Sicherheit noch verstärkt wird.

*»Es kann unangenehm sein, wenn die Dinge in einer Partner-
schaft zu intim und eng werden – es ist die Furcht vor dem Unbehagen, das ich bei zu klebrigen und tiefen Angelegenheiten empfinde. Was soll ich damit anfangen? Auf der sexuellen Ebene ist
das leicht, aber auf der emotionalen nicht, vor allem, wenn es lange
anhält. Es ist schon merkwürdig, je näher ich einem Menschen
komme, desto mehr will ich mit ihm einfach nur vor dem Fernseher sitzen.«*

Subtypen

Selbsterhaltend: Verteidigung

Um sein Überleben zu sichern und sich vor potentiellen Störern
seiner heilen Welt zu schützen, umgibt sich der Siebener mit
Gleichgesinnten, die seine Interessen teilen und die gleichen
Ziele haben. Dies können Vereine sein, aber auch die Familie ist
für den Siebener wichtig. Die Gemeinsamkeit stärkt den Rücken
und macht ihn sicher.

»Ich habe jede Menge Freunde, überall – manche im Ausland – und jeder einzelne von ihnen ist notwendig für mich, auch wenn ich sie nicht so oft sehe ... Ich hatte immer dieses Dorf in meinem Kopf, in dem wir eines Tages alle zusammen glücklich bis an unser Ende leben würden. Die Vorstellung ist sehr detailliert, mit Plänen und vor allem, wer wo lebt, welche Bäume und Pflanzen ... Ich gebe vor mir selbst nur ungern zu, daß es nie Realität werden wird.«

Sozial: Opferbereitschaft

Soziale Subtypen erscheinen oft ernsthafter und ängstlicher als andere Siebener. Ihre Aufmerksamkeit richtet sich auf das Glück der Gruppe, und sie sind durchaus fähig, ihr persönliches Glück für das Wohlergehen der Gruppe zu opfern, egal ob es sich dabei um ihre Familie oder um die Welt handelt.

»Ich tue es nicht besonders gerne, aber ich kann mich damit abfinden. Es wird wunderbar sein, und wenn ich dafür jetzt etwas tun muß, das mir nicht besonders gefällt, dann werde ich das eben tun. Wenn es zu lange dauert, beginne ich angeblich zu jammern. Ich muß mich dann selbst belohnen – zum Beispiel mit einem Computerprogramm, das ich unbedingt haben will.«

Sexuell: Beeinflußbarkeit

In Paarbeziehungen manifestiert sich Unersättlichkeit als intensive und unmittelbare Faszination von neuen Personen und den Möglichkeiten, für die sie stehen. Die Aufmerksamkeit der Siebener richtet sich in aller Ausschließlichkeit auf den neuen Menschen oder die unbekannte Idee, so daß alles andere außen vor bleibt. Sie verherrlichen Leute, und ihr Interesse ist so intensiv, daß die betroffene Person zutiefst schockiert sein kann, wenn die Faszination der Siebener sich plötzlich auf jemanden oder etwas anderes richten.

»Da saß ich nun in der heißen Badewanne mit meiner Frau auf der einen und dieser prächtigen Frau aus Los Angeles, die zweifelsfrei an mir interessiert war, auf der anderen Seite. Wir sprachen miteinander, und blitzartig schoß mir die Idee durch den Kopf, mit ihr nach L. A. zu gehen. Ich will damit sagen, ich habe es tatsächlich einen Augenblick lang ernsthaft erwogen.«

Beziehungen

Siebener legen viel Wert auf Familie und Freundschaften. Obwohl die Welt im Kopf stimulierend wirkt, ist doch die reale Welt mit richtigen Menschen sehr viel befriedigender. Daß sie viele und sehr unterschiedliche Beziehungen pflegen, untermauert ihre Vorstellung von sich selbst als aufregende Menschen.

Beziehungen basieren auf gemeinsamen Vergnügungen. Freunde und Partner können sich verletzt fühlen, wenn sich Siebener vor Problemen zurückziehen, oder frustriert sein, wenn sie versuchen, ihren Schmerz zu »reparieren«. Narzißten müssen Einfühlungsvermögen erlernen, wenn sie ihre Beziehung(en) tatsächlich vertiefen wollen.

»Ich finde zur Freude eines anderen sehr viel besser einen Zugang als zu seinem Schmerz. Manchmal muß ich im wahrsten Sinne des Wortes den Raum verlassen, weil ich es mit diesem Schmerz nicht aushalte. Nicht deshalb, weil ich ihren Schmerz so gut nachempfinden kann, sondern weil es meinen eigenen auslöst.«

Wenn sie erst einmal ihre Prioritäten sortiert haben, dann können Siebener loyale, unterstützende und stimulierende Partner sein, die Zugang zu Erfahrungen bieten, die anderen normalerweise verschlossen bleiben. Ihre Anspruchshaltung macht es schwer für sie zu glauben, daß ein Mensch für sie genug ist.

»Später in meinem Leben mußte ich feststellen, daß ich nicht ganz so großartig war, wie meine Mutter mir weisgemacht hatte; ich mußte mich ein paar Stufen nach unten begeben, um eine Partnerschaft aufrechterhalten zu können.«

Unbewußt fällt es ihnen außerdem schwer, so viel Vertrauen aufzubringen, daß irgend jemand sie genug lieben könnte, um sich wirklich auf sie festzulegen.

»Erst wenn du mir ein paarmal verziehen hast, kann ich anfangen zu glauben, daß du wirklich für mich da sein willst, und ich fühle mich sicher mit dir – und vielleicht gelingt es mir schließlich, vorsichtig den Schmerz zu berühren, vor dem ich, wie ich weiß, immer davonlaufe.«

Sie können durchaus dazu in der Lage sein, mehrere Partner zu rationalisieren, da doch jeder für sich genommen einzigartig ist und sie nicht in ihren Gefühlen zu den anderen beeinflußt. Manche fassen die Bindung durch eine Ehe als *»eine derart absolut idiotische Idee auf, daß ich sie um der Erfahrung willen ausprobieren mußte«.* Wenn sie sich jedoch erst einmal gebunden haben, bleiben sie oft ein Leben lang dabei.

»Ich denke über lang anhaltende Beziehungen nicht einmal nach. Wir sind einfach zusammen. Es ist, als würde es sich ständig erneuern, ich sehe sie nicht aus der Vergangenheit heraus an. Sie ist wirklich eine gute Freundin – meine beste Spielgefährtin, nehme ich an. Ist das wirklich schon dreißig Jahre lang so? Ich habe nie in dieser Kategorie darüber nachgedacht. Außerdem ist sie die sexuell aufregendste Person, mit der ich je zusammen war. Das ist nicht alles, aber es trägt dazu bei, es interessant zu halten.«

Was Siebener tun können,
um ihr Wachstum zu fördern

✧ Lernen Sie eine Meditationspraxis; achten Sie auf den Langeweilefaktor in Ihrem persönlichen Wachstum (»Da war ich schon, das habe ich schon gemacht.«) und bleiben Sie trotzdem dabei.

✧ Hüten Sie sich vor der »Flucht ins Licht« – sich selbst als erleuchtet und jenseits von Schmerz zu sehen.

✧ Erkennen Sie, daß Vergnügen nur die eine Seite der Medaille ist; erinnern Sie sich daran, daß Sie da etwas weglassen, und fügen Sie auch schmerzhafte Erfahrungen hinzu.

✧ Achten Sie darauf, wie Ihr Geist rast und nach Möglichkeiten sucht; werden Sie langsamer und konzentrieren Sie sich auf den augenblicklichen Moment, egal ob er angenehm oder unangenehm ist; fragen Sie sich selbst, was Sie vermeiden.

✧ Lassen Sie einige Ihrer zahlreichen Möglichkeiten los; eine tiefere Konzentration auf weniger Dinge wird Ihnen mehr wertvolle Erfahrungen schenken.

✧ Wenn Sie Ihre Möglichkeiten verringern und sich das Gefühl einstellt, daß nie etwas geschieht und alles sinnlos ist, dann erinnern Sie sich daran, daß dies nicht stimmt.

✧ Machen Sie sich bewußt, wie Sie rationalisieren und nachträglich verändern, vor allem wenn Sie kritisiert oder festgenagelt werden; fragen Sie sich: »Was sind die Fakten?«

✧ Nutzen Sie Ihre Wut als Signal, um dem zuzuhören, was der andere zu sagen hat, und überprüfen Sie seine Gültigkeit; fragen Sie sich selbst, wem oder was Sie aus dem Weg gehen.

✧ Lernen Sie, Kritik und Konflikte zu einem Bestandteil Ihres Lebens zu machen.

✧ Üben Sie sich darin, eine Sache anzufangen und fertig zu machen und dann erst zur nächsten überzugehen.

✧ Üben Sie sich darin, Ihren Impuls zu unterdrücken, anderer

Leute Probleme lösen zu wollen, damit sich alle gut fühlen können.

⬦ Achten Sie darauf, wie Sie Menschen ausschließen, die in Ihnen ein Gefühl von Minderwertigkeit auslösen könnten, (selbst wenn sie gestern noch Ihre Freunde waren) und wie Sie sich jenen überlegen fühlen, die nicht Ihre Energie und Ihren Optimismus besitzen; fragen Sie sich: »Bin ich wirklich so wunderbar?«

Was Freunde tun können, um Siebener zu unterstützen

⬦ Unterstützen Sie sie in allen oben genannten Punkten.

⬦ Helfen Sie ihnen, in der Gegenwart zu bleiben, indem Sie sie fragen, wie sie sich fühlen.

⬦ Machen Sie sie, ohne sie zu kritisieren, auf Rationalisierungen und nachträgliche Veränderungen aufmerksam.

⬦ Weisen Sie sie darauf hin, wenn sie in Hast und Eile verfallen; sie könnten vor etwas auf der Flucht sein.

⬦ Lassen Sie sie spüren, daß Ihre eigenen Gedanken, Gefühle und Bedürfnisse wichtig sind.

⬦ Unterstützen Sie sie darin, den Wert anderer Menschen zu sehen und sich auf etwas zu konzentrieren, was außerhalb von ihnen selbst liegt.

⬦ Schaffen Sie eine Umgebung, in der sie sich sicher fühlen, um ihren Schmerz zu erforschen und auszudrücken.

⬦ Unterstützen Sie sie dabei zu erkennen, was ihnen verlorengeht, wenn sie sich allein auf das Angenehme konzentrieren.

Heilige Tugend und Idee
Nüchternheit und heilige Arbeit

Nüchternheit ist ein Seinszustand, in dem die Gefühle auf einen Punkt konzentriert und ausgerichtet sind. Siebener suchen nach der Fülle, indem sie so viel wie möglich von all dem probieren, was die Welt zu bieten hat. Im Verlauf ihres Wachstumsprozesses erkennen sie, daß sie eine vollständige Erfahrung nur in ihrem Inneren machen können, wenn der tiefe Blick des Herzens sich auf das richtet, was wahrhaft wertvoll und wirklich vorhanden ist.

Ihr innerer Plan, der alle möglichen Wege zur Befriedigung abdeckt, verbirgt die Tatsache, daß in Wahrheit das Gefühl für die Absicht und die Bereitschaft, sich tief darauf einzulassen und das Geplante bis zum Ende auszuführen, die gesuchte Befriedigung bringen. *Heilige Arbeit* ist das Äquivalent für Nüchternheit im Reich des Geistes und gestattet dem Siebener, seine Angst zu transzendieren und in einen Zustand einzutreten, den T. S. Eliot als jenen Zustand der vollkommenen Einfachheit beschrieb, der nicht weniger als alles kostet. Es handelt sich nicht um die Ideenbildung oder geistige Wahl einer lohnenden Arbeit, sondern um die Erfahrung freudiger Notwendigkeit.

Der Boß

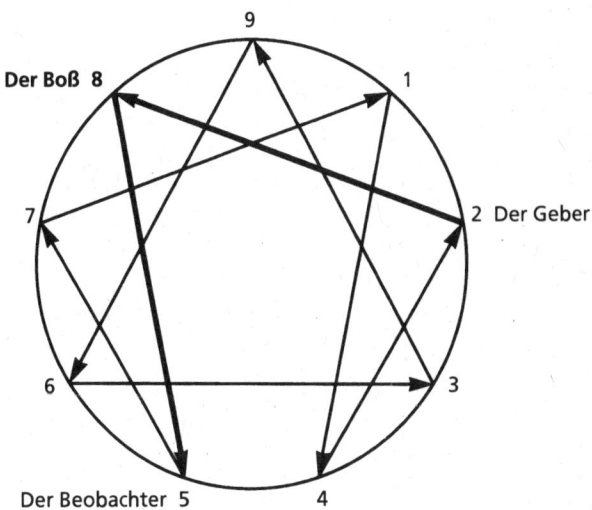

Äußeres Erscheinungsbild

Achter sind in der Regel voller Energie, angespannt, herrisch, rebellisch, fürsorglich und dogmatisch, sie sind Menschen mit einer Alles-oder-nichts-Einstellung, die hart arbeiten, kompromißlos spielen und jegliches Unternehmen, an dem sie beteiligt sind, an sich reißen, ob es ein gemeinschaftlicher Ausflug in die nächste Kneipe ist oder ein internationales Geschäftsabkommen.

Vordergründig aggressiv ist ihnen häufig ihre Stoßwirkung nicht bewußt, und wenn sie danach gefragt werden, erklären sie sich lediglich für direkt. Sie besitzen eine sehr persönliche Ethik, in der Integrität, Wahrheit und Gerechtigkeit eine wichtige Rolle spielen und mittels derer sie die Welt durch eine Entweder-oder-Brille sehen. Achter sind oft dogmatisch – »*Es kann sein, daß ich mich irre, aber ich zweifle nie*« –, und obwohl sie Fairneß hoch bewerten, sind sie manchmal ein wenig langsam, wenn es darum geht, dem Standpunkt des anderen Gehör zu schenken.

Ihre Reaktion auf Situationen ist unmittelbar, und die meisten von ihnen werden schnell zornig. Menschen, die ihrer Direktheit mit Ausflüchten, Halbwahrheiten, Rationalisierungen begegnen oder scheinbar Informationen zurückhalten, werden in die Konfrontation gezwungen. Achter fordern Wahrheit und klare Entscheidungen.

»Mein Ziel ist es nicht, andere zu Angst oder zum Angriff aus Angst zu provozieren. Ich begreife nicht wirklich, warum andere Leute so negativ reagieren – ich beabsichtige nicht, etwas kaputtzumachen, sondern die Dinge zu klären.«

Achter vertrauen Menschen, die es mit ihrer Energie aufnehmen können und die sich mit ihnen auf eine Sache konzentrieren und sie unterstützen. Sie überraschen ihre Mitmenschen damit, daß sie sie mögen, wenn sie sich wehren, und daß der Zorn verraucht ist, sobald die Auseinandersetzung vorbei ist.

Es scheint so, als ob sie die meiste Zeit impulsiv reagieren. Da sie Langeweile nur in geringem Maße ertragen können, sind sie im allgemeinen sehr aktiv. Doch manche von ihnen sitzen auch tage- oder monatelang herum, tun nichts und sagen sich:

»Wenn es ohnehin nichts gibt, was es wert ist, getan zu werden, warum soll ich dann aktiv werden?«

In allem exzessiv, sind sie die letzten, die eine Party verlassen, die ihnen Spaß macht, aber auch die letzten, die von der Arbeit nach Hause gehen, wenn sie sich ein festes Ziel gesetzt haben. Wenn die Sache es ihnen wert zu sein scheint, dann tauchen sie tief ein und bleiben so lange dran, bis sie vollkommen erschöpft sind. Verläuft ihnen das Leben zu ruhig, dann erhöhen sie ihren eigenen Einsatz an Energie, um die Dinge in Bewegung zu bringen.

»Ich bin provokant, ohne daß ich überhaupt darüber nachdenke, und nehme den Raum anderer Leute ein, ohne daß mir das unbedingt bewußt wird – es liegt nur einfach daran, daß ich etwas fühle und daß es ausgedrückt werden muß; ich denke dabei nicht an die Auswirkungen oder die Konsequenzen.«

Achter wollen scheinbar kontrollieren. Sie nehmen den Mittelpunkt der Bühne für sich in Anspruch, sind hartnäckig im Verfolgen ihrer Ziele und scheinbar nur glücklich, wenn sie die Fäden in der Hand haben. Sie haben ein intuitives Gespür für die Macht: wo sie liegt, ob sie sich bedroht fühlen müssen und wie sie die Kontrolle zurückerlangen können. Doch dies ist nicht immer so klar zu sehen, wie es scheint.

»Es geht wirklich nicht darum, daß ich unbedingt dominieren muß, obwohl manche Achter vielleicht so sind, ich wehre mich lediglich dagegen, kontrolliert zu werden. ›Sie‹ kriegen mich nicht! Und ich ziehe mich genauso oft zurück, wie ich kämpfe. Wenn mir die Angelegenheit nicht wichtig genug ist oder wenn ich die Person respektiere, dann rege ich mich nicht auf.«

Nicht so offensichtlich ist es, daß sie auch sich selbst kontrollieren. Die meisten behaupten, daß sie sich die ganze Zeit zurückhalten, weil sie fürchten, ihre Energie könnte sie selbst und andere überwältigen. Bei großen, wichtigen Dingen dauert es möglicherweise länger, bis ein Achter sie auf den Weg bringt, und die Wut gegen Menschen, die Achtern etwas bedeuten, wird möglicherweise verlagert oder unterdrückt, bis der Druck so groß ist, daß die Wut explosionsartig zutage tritt.

Ihr Verletzlichkeit verbergen Achter vor sich selbst und anderen. Da sie vieles aus dem Bauch heraus entscheiden, können sie manchmal sehr naiv und von Verrat tief verletzt sein. Sie überprüfen, meist unbewußt, die Vertrauenswürdigkeit ihrer Mitmenschen, indem sie heikle Themen ansprechen oder schneidende Bemerkungen machen.

»Wirklich schmerzhafte Beleidigungen kommen einfach aus mir heraus, und ich weiß nicht einmal woher. Sie waren mir nicht einmal bewußt, bis meine Frau mich darauf aufmerksam machte.«

Da sie stark sind, gestatten sie sich selbst nicht zuzugeben, was sie brauchen, und wenn sie es doch tun, dann hört es sich an wie eine Forderung.

»Es fällt mir so schwer, jemanden um etwas zu bitten, daß es sich meist wie eine Forderung anhört, weil so viel Kraft dahintersteckt.«

Außerdem fällt es Achtern schwer, ihre Gedanken und Gefühle auszudrücken, und wenn sie es dennoch versuchen, dann liegt es ihnen so sehr am Herzen, wahrhaftig zu sein und verstanden zu werden, daß es ein langes Gespräch erfordert, bevor sie sich sicher sind, ein vollständiges Bild geboten zu haben.

Achter verhalten sich ihren Freunden und Beziehungspartnern gegenüber ungewöhnlich fürsorglich und unterstützend und bieten viel Kraft auf, wenn jemand ungerecht behandelt wurde, der nicht stark genug ist, um sich selbst zu verteidigen. Selbst kraftvoll, macht es den meisten von ihnen Spaß, anderen zu Macht zu verhelfen.

Unbewußte Achter können zynisch, Maulhelden, Gesetzesbrecher, gewalttätig und unfähig sein, die Gefühle anderer Menschen wahrzunehmen; außerdem benutzen sie Kraft, Lügen, Manipulation oder Gewalt, um ihren Kopf durchzusetzen.

Bewußte Achter erscheinen zutiefst liebevoll, fürsorglich und Kraft verleihend, sie setzen ihre große Energie und natürlich Autorität ein, um Ungerechtigkeit zu Hause und in der Gesellschaft zu bekämpfen.

Innere Anliegen und Kindheitsszenarios

Achter kamen in ihrer Kindheit zu der Einsicht, daß sie, um in einer ungerechten, bedrohlichen und oft gewalttätigen Welt überleben zu können, stärker als alle anderen sein müssen. Es erschien ihnen so, als seien die Starken hochgeschätzt, sie bekamen, was sie wollten, und blieben dabei unverletzt, während die Schwachen abgelehnt und geschädigt wurden.

»Ich erinnere mich an den Augenblick, als ich begriff, daß es darum ging, ich oder die anderen. Ich war elf, John F. Kennedy war gerade ermordet worden … und ich wußte, daß eine Organisation dahintersteckte. Ich dachte: ›Wenn sie ihn töten können, dann können sie jeden töten. Das heißt, in Wirklichkeit haben die Bösen alle Macht. Sie können tun, was sie wollen. Aber nicht mit mir.‹«

Die meisten erinnern sich daran, daß sie geistig oder körperlich unter dem Pantoffel standen.

Da sie in ihrer Familie oft die Rolle des Kindes übernahmen, welches die Wut aller übrigen ausdrückt, wirkten sie mitunter als Beschützer ihrer Geschwister oder eines Elternteils gegen den anderen und gegen die Welt. Manche waren offensichtlich rebellisch, während andere sich verweigerten und heimlich ihre Verachtung lebten.

Um sich ihre Kraft zu bewahren, entwickelten Achter die Gewohnheit des inneren Leugnens. Dies bewahrte sie davor, sich ihrer eigenen Verletzlichkeit und der Bedürfnisse, die starke Menschen nicht haben dürfen, bewußt zu werden.

> *»Wenn ich leugne, dann ist mir das nicht bewußt. Ab und zu ist mir jedoch aufgefallen, daß ich weichere Gefühle und Bedürfnisse, unterstützt oder auf eine bestimmte Art behandelt zu werden, leugne. Doch ich kann ewig hektisch herumrennen, ohne eine Ahnung zu haben, daß ich etwas brauche, und ich kann es auch kaum ertragen, wenn jemand mich darauf aufmerksam macht.«*

Ihr Leugnen bewahrt Achter außerdem vor der vernichtenden Erkenntnis, daß ihr Verhalten in ihnen genau die Eigenschaften erzeugt, die sie bei anderen hassen: dominierendes, gefühlloses und ungerechtes Verhalten.

Obwohl Achter selbstbezogen sind – ausschließlich ihre eigene Meinung ist die Grundlage ihres Handelns –, können sie sich doch auch selbst vergessen. Leugnen ist eine Facette der Selbstvergessenheit, die Achter dazu bringt, ihre wichtigsten Ziele zu ersetzen durch intensive Suche nach Unterhaltung, nach einer Gelegenheit, um Freunden zu helfen, oder durch Ziele, die nicht ihre eigenen sind.

Leidenschaft und Fixierung

Exzeß (Lust) und Rache

Die emotionale Konzentration des Achters auf *Lust* ist nicht sexuell (obwohl sie Sex mögen), sondern ein geradezu gieriges Greifen nach dem Leben selbst: Lebenslust. Sie konzentrieren sich auf die Dinge, die es ihnen gestatten, sich lebendig zu fühlen, und dabei kann es sich ebenso um intellektuelle Beschäftigungen handeln wie um »Wein, Weib und Gesang«.

»Ich will viel, und ich kann Menschen nicht verstehen, die sich fürchten – kommt doch, es ist großartig! Ich übertreibe es manchmal – es ist schwer aufzuhören, wenn man einmal angefangen hat. Von null auf hundert, das ist einfach, aber sich bei fünfzig treiben zu lassen, das fällt mir schwer. Ich kann auch zu Diäten eine exzessive Einstellung entwickeln – sie tun mir gut, deshalb mache ich mit – solange es anhält.«

Ihre große Kapazität für sinnlich wahrgenommene Erfahrungen entschärft ihre Energie und lockert den Zwang zu ständiger Kontrolle. Damit stellt diese Fähigkeit auch einen der Wege dar, die in die Selbstvergessenheit führen.

»Ich bin großartig darin, die entscheidenden Dinge nicht fertig zu bekommen oder auch kleine Dinge, wie ein Regal aufzubauen – ich würde viel lieber im Garten arbeiten oder etwas Ähnliches. Mit guten Freunden herumhängen ist ungefähr das Beste, na ja, das Zweitbeste.«

Die Lust kann sich in Habsucht verwandeln, wenn es so aussieht, als ob der normalerweise großzügige Achter etwas verpassen könnte – er geht dann selbst so weit, daß er das letzte Stück von einem besonderen Käse versteckt.

Rache richtet sich auf Ungerechtigkeit und auf den Versuch, das Gleichgewicht wiederherzustellen. Da Achter in ihrem Inneren ein schwarzweißes Bild von der Welt tragen und sich im Recht fühlen, weisen sie Schuld zu und richten all ihre Wut darauf, das Schlechte zum Guten zu wenden.

Sie sind daran interessiert, daß die Strafe im richtigen Verhältnis zum Verbrechen steht, und sind bereit, im Notfall hart dafür zu kämpfen, selbst bei Freunden:

»Ich will, daß sie ihren Fehler zugeben und das nächste Mal richtig handeln.«

Wenn die Wut bewußt ist und ausgedrückt wird, dann kann die Angelegenheit erledigt und vergessen werden, ist sie jedoch unbewußt oder unterdrückt, dann wird sie leicht zur Besessenheit.

»Mein Vater war bei der Armee, dominierend und gewalttätig. Ich werde nie, nie, niemals so wütend werden. Es gibt nichts, weswegen es sich lohnt, zornig zu werden. Aber um ehrlich zu sein, muß ich zugeben ... wie ich dafür gesorgt habe, daß jemand gefeuert wurde, ohne daß irgend jemand von meiner Beteiligung bei der Angelegenheit wußte, wie rechtschaffen ich mich fühlte, als jemand bestraft wurde ...«

Wenn Achter feststellen, daß sie ihren eigenen Prinzipien untreu geworden sind und möglicherweise jemanden verletzt haben, dann machen sie sich schlimme Vorwürfe, und ihre Rachegefühle richten sich dann gegen sich selbst.

Streß

Wenn sie die Kontrolle nicht haben, sich schwach fühlen oder in Selbsthaß versunken sind, dann übernehmen Achter die Eigenschaften von Fünfern. Sie ziehen sich geistig oder körperlich zurück, um nachzudenken und ihr Gleichgewicht wiederzufinden. Manche flüchten sich in zwanghafte Aktivitäten wie Lesen oder Patiencenlegen. In extremen Situationen kann dies Monate andauern, und sie werden depressiv, passiv, unzugänglich und unfähig, Entscheidungen darüber zu treffen, was sie denken und wie sie handeln sollen.

»Ich fing an, wirklich angespannt zu sein – es gab nicht ein Zimmer in diesem Haus, das mir gehörte. Ich wurde schwer depressiv und schlief die ganze Zeit, ging nicht ans Telefon ... ich hatte das Gefühl, jegliche Kontrolle verloren zu haben.«

Sicherheit

In der sicheren Situation einer vertrauten Beziehung nähern sich Achter dem Zweier an. Sehr viel gefälliger, freigebiger und leichter zu rühren, geben sie zu, daß die Dinge ihnen etwas ausmachen. Ihr Beschützer- und Unterstützerinstinkt vergrößert sich, und sie erfreuen sich an ihrer neuen Offenheit. Doch bringt all dies Unsicherheiten mit sich, darunter die Angst, daß es nicht klappen könnte. So fallen sie nach einer Weile möglicherweise mit dem Gefühl »... *und was wird aus meinen Bedürfnissen? Ich lasse mich nicht ausnutzen ...*« in ihre aggressive Sichtweise zurück.

> »*Als wir heirateten, hatte ich auf einmal all diese beängstigenden Phantasien, daß sie in einem Sturm oder so sterben würde. Es war das erste Mal in meinem Leben, daß mir solche Gedanken kamen. Bisher hatte ich Leute, die solche Vorstellungen haben, immer als verrückt abgetan. Es macht mir etwas aus, was mit ihr geschieht. Inzwischen habe ich mich wirklich geöffnet. Und dann, wenn auch noch ein Baby da ist, dann öffnest du dich erst recht für Dinge, die vollkommen jenseits deiner Kontrolle liegen.*«

Subtypen

Selbsterhaltend: Befriedigendes Überleben

Achter sorgen dafür, daß sie ihr Überleben auf zufriedenstellende Weise sichern. Sie kaufen zum Beispiel Dinge in Großpackungen ein, sie neigen dazu zu horten, oder sie sorgen geradezu zwanghaft dafür, immer eine ausreichende Menge der richtigen Nahrungsmittel zum richtigen Zeitpunkt vorrätig zu haben. Sie müssen alle Bereiche eines befriedigenden Lebens abgecheckt haben.

> »*Alle meine Freunde gingen frühzeitig in Rente, und ich dachte, es wäre schön, wenn ich dies ebenfalls tun könnte, vorausgesetzt,*

ich arbeitete hart genug dafür. Also ging ich zu meinem Finanz-
berater, er sah meine Unterlagen durch, sah mich dann mit einem
ungläubigen Lachen an und fragte: ›Wieviel genau glauben Sie
zu brauchen, um die Art von Leben zu führen, die Sie sich vor-
stellen?‹«

Sozial: Freundschaft

Achter manifestieren ihre Lust, indem sie zahlreiche Freunde
haben, oft ganze Netzwerke von Freunden, die zusammen arbeiten und/oder spielen. Sie lieben es, Freunde einander vorzustellen, darauf zu achten, daß jeder sich wohl fühlt, und sorgen für
wechselseitige Unterstützung und für Schutz in Zeiten der Not.

»Es ist einfach so schön, richtig viele Freunde zu haben. Norma-
lerweise stehe ich im Mittelpunkt der Gruppe oder organisiere das,
was wir gemeinsam tun, aber darum geht es eigentlich gar nicht.
Natürlich will ich Spaß haben, und so ist es auch, aber noch wich-
tiger ist mir, daß sie sich gut amüsieren. Ich veranstalte Partys und
lade Leute ein, die sich unter normalen Umständen nie miteinan-
der unterhalten würden – einen Motorradfahrer und einen Ban-
ker zum Beispiel –, und freue mich an ihrem Erstaunen darüber,
daß sie gut miteinander klarkommen.«

Sexuell: Possessivität/Ergebung

Achter, die Paarbeziehungen vorziehen, haben »ihre« besonderen Freunde, mit denen sie ein Leben lang in Verbindung bleiben. Ihre besitzergreifende Art ist vielleicht nicht offensichtlich,
aber sie müssen sicher sein, daß sie im Leben eines Menschen
von zentraler Bedeutung sind. Sie suchen nach jemandem, dem
sie genug vertrauen, um sich ihm zu ergeben und die Kontrolle
aufzugeben. Durch ihre Ergebung sind sie durch Verrat leicht zu
verletzen.

»Ich muß mir klar machen, daß ich nicht jede Einzelheit kennen muß, die in seinem Kopf abläuft. Aber früher hat es mich furchtbar aufgeregt, wenn er anderen Leuten Dinge erzählte, von denen ich noch nichts wußte. Meine Einstellung war: ›Natürlich kannst du mit anderen Frauen reden, ich bin nicht eifersüchtig; aber gib ihnen gefälligst nicht einen Teil von dir, den du mir noch nicht gegeben hast.‹ Ergeben ist sehr heimtückisch. Es gibt eine Ebene, da wünsche ich mir einfach, loszulassen und die Kontrolle aufzugeben, und das verwandelt sich leicht in einen Satz wie: ›Wenn du mich liebst, dann kümmere dich um mich!‹ – Grauenvoll!«*

Beziehungen

Obwohl Achtern Freundschaft wichtig ist, fällt es einigen von ihnen schwer, eine solche aufzubauen, weil ihnen ihr Kontrollzwang und ihr Dogmatismus im Weg stehen.

»In vielerlei Hinsicht mußte ich die Kontrolle aufgeben, um überhaupt irgendeine Art Beziehung zustande zu bringen. Mir ist klargeworden, daß manches für meinen Typ nur eine Streitfrage ist und daß ich nicht das Recht habe, die Regeln festzuschreiben.«

Arbeitsbeziehungen können wegen der dazugehörigen Machtstrukturen ein Problem sein, außerdem wollen Achter nicht bevormundet werden, es sei denn, es geschieht durch einen Boß, den sie respektieren und an den sie glauben. Achter brauchen das Gefühl, Vertrauen in ihre Freunde und Partner entwickeln zu können.

»Voraussehbarkeit – die Regeln nicht verändern, nachdem du mir einmal gesagt hast, welche für dich gelten. Wirf deine Pläne nicht um. Sprich mit mir, wenn ich das brauche. Steh hinter dem, was du sagst. Integrität ist wichtig – wenn du die Regeln modifizierst, ohne das vorher mit mir zu besprechen, dann fühlt es sich wie Verrat an.«

Als Bauchtypen spüren sie das Bedürfnis nach Anbindung, und ein Teil ihres aggressiven Verhaltens ist der Versuch, andere Menschen zu einer Bindung mit ihnen zu bewegen.

> »Eines der schlimmsten Dinge auf der Welt ist es, übersehen zu werden – dieses Gefühl von Ausgrenzung ist fast unerträglich. Du gehst fort, und ich komme dir hinterher, um sicherzugehen, daß alles in Ordnung ist.«

Da sie unabhängig sein wollen und das Vergnügen lieben, sehen sie Bindung als Falle an, aber wenn sie sich erst einmal zu einer Freundschaft oder Liebe bekannt haben, dann sind sie ein Leben lang treu. Normalerweise sind sich Achter dessen nicht bewußt, daß alles nach ihren Vorstellungen gehen soll.

> »Wir glaubten nicht, daß einer von uns ein Problem mit Kontrolle haben könnte. Aber wenn er sich noch immer rasiert und ich schon fertig zum Gehen bin – grrr! Dann gehe ich eben und rauche eine Zigarette und laß mich auch nicht drängen.«

Auseinandersetzungen in Beziehungen sind für einen Achter beinahe lebenswichtig: Sie reinigen die Luft, Dinge werden klar ausgesprochen und sind für Achter eine aufregende Möglichkeit, zum Partner in Kontakt zu kommen. Der Partner ist gut beraten, wenn er weiß, wann er sich wehren muß und wann nicht; man kann Achtern die Sache ausreden, wenn sie unwichtig ist.

> »Auseinandersetzungen sind wichtig – anfangs fühlt es sich vielleicht destruktiv an, aber in Wahrheit schaffen sie Klarheit, aus Liebe und nicht aus Bosheit. Ich gehe nicht ins Bett, bevor die Angelegenheit nicht geklärt ist.«

Achter können belebende und interessante Partner sein:

*»Mit einem Achter verheiratet zu sein ist vielleicht erfreulich, pro-
vozierend und entsetzlich, aber niemals langweilig.«*

Sie sind mitunter unermüdlich fürsorglich und unterstützen
den Partner kompromißlos in seiner Selbstverwirklichung.

*»Ich weiß, daß sie intelligent und fähig ist, und ich liebe das,
aber wenn sie hinausgeht in die Welt – sich irgendeiner Bedrohung aussetzt –, dann ist es mir wichtig, dabeizusein, damit sie
sicher ist. Es sieht aus wie Kontrolle, aber ich will sie nur be-
schützen.«*

Partner müssen sich klarmachen, daß Achter Unterstützung
benötigen, auch wenn dies verwirrend ist. Wenn sie zeigen, wie
tief sie verletzt werden können, dann bringen sie genug Vertrauen auf, um Liebe zu empfangen.

Was Achter tun können, um ihr Wachstum zu fördern

⬦ Üben Sie sich in Meditation und beginnen Sie immer dann
damit, wenn Sie auf dem Sprung sind.
⬦ Nehmen Sie sich während des Tages Zeit, um Ihr Energieniveau zu überprüfen, und stellen Sie fest, ob Sie aus dem Impuls heraus handeln.
⬦ Nutzen Sie Wut, um sich daran zu erinnern, daß Sie sich entspannen und mehrmals am Tag tief durchatmen sollen.
⬦ Überprüfen Sie Ihre Wirkung auf Freunde und Kollegen: Sind
Sie manchmal zu anstrengend?
⬦ Bevor Sie handeln, überdenken Sie die möglichen Konsequenzen und denken Sie an Ihre langfristigen Ziele.

⬧ Üben Sie sich darin, Stimulation und Belohnung zu verzögern, und lernen Sie, mit Langeweile und Angst zurechtzukommen.

⬧ Wenn Sie sich langweilen und kurz davor sind zu handeln, fragen Sie sich, ob Sie Angst oder Trauer unterdrücken. Lernen Sie, beides zuzulassen und zu spüren.

⬧ Erkennen Sie Ihre Verletzlichkeit und Ihre Schwäche und heißen Sie sie als Zeichen der Unschuld willkommen.

⬧ Achten Sie in Konfrontationen darauf, daß Sie der anderen Seite zuhören, und nutzen Sie die Gelegenheit, um die Gültigkeit anderer Standpunkte zu erkennen.

⬧ Bitten Sie Freunde und Kollegen, die Regeln klar für Sie festzulegen. Wenn Sie den Impuls spüren, sie zu brechen, achten Sie darauf, ob dies lediglich zum Spaß geschieht oder weil dies die angemessene Reaktion auf die Situation ist.

⬧ Hinterfragen Sie, ob exzessives Verhalten (Geselligkeit und so fort) ein Mittel ist, um Ihre tatsächlichen Prioritäten zu verbergen und zu vergessen.

⬧ Schreiben Sie täglich Ihre Einsichten über sich selbst auf und befassen Sie sich mit ihnen, um Ihrer Selbstvergessenheit und Ihrem Leugnen etwas entgegenzusetzen.

⬧ Machen Sie sich Ihre Neigung bewußt, anderen die Verantwortung zuzuschieben, und gestehen Sie sich Ihre Beteiligung an negativen Situationen ein.

Was Freunde tun können, um Achter zu unterstützen

⬧ Unterstützen Sie sie in allen oben genannten Punkten.

⬧ Wirken Sie eher unterstützend auf Sie ein, als ihnen zu sagen, was sie falsch machen, sonst denken sie nur: »Was, das soll schlecht sein? Ich zeige dir, was wirklich schlecht ist.«

⬧ Teilen Sie es Ihnen mit, wenn das, was sie sagen, auf Sie beunruhigend oder verletzend wirkt.

✧ Seien Sie geradeheraus und ehrlich und streiten Sie sich mit ihnen, wenn es um Klärung geht.

✧ Erinnern Sie sie daran, daß ihre Wahrheit nicht unbedingt die ganze oder einzige Wahrheit ist.

Heilige Tugend und Idee
Unschuld und Wahrheit

Unschuld ist ein Seinszustand, in dem die Welt als sicher erlebt wird, ohne verborgene Absichten, und in dem Achter ohne Tagesordnung und Verteidigungsstrategien auskommen. In der Unschuld können sie durch das »körperliche« Wissen dessen, was richtig ist, in jedem Moment des Lebens richtig reagieren, ohne die Notwendigkeit, etwas zu bewerten oder bewußt einzuschätzen. Achter erkennen, daß ihre Gier nach Erfahrungen ein Versuch ist, das genau richtige Fließen von Lebenskraft in jedem Augenblick als lebenswichtige Erfahrung neu zu erschaffen.

Wenn sie das Leben zulassen und es so, wie es ist, willkommen heißen, dann erkennen Achter, daß die *Wahrheit* nicht ein Entweder-Oder sondern die Gesamtheit der Existenz in ihrer Beschaffenheit ist. Eine beliebige Reihe von Tatsachen oder irgendein Konzept, wie gültig sie auch erscheinen mögen, müssen nicht unbedingt die Wahrheit sein. Das absolute Sein kennt nur eine einzige Wahrheit, und die kann nicht erreicht oder neu geschaffen werden, indem man Gerechtigkeit sucht. Die Wahrheit verändert sich beständig, ohne jemals ihre wahre Natur zu verändern. Achter lernen Mäßigung vor allem, indem sie wissen, daß *»die Wahrheit, die ausgesprochen werden kann, nicht die Wahrheit ist«*.

TYP NEUN:

Der Vermittler

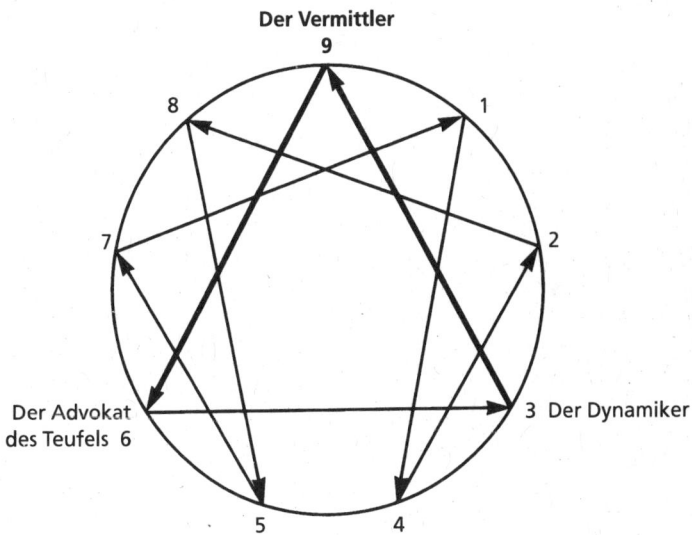

Äußeres Erscheinungsbild

Neuner sind im allgemeinen warm, freundlich, tolerant, entgegenkommend, wenig wettbewerbsorientiert und gesprächig. Sie ziehen ein friedliches, strukturiertes, voraussehbares und bequemes Leben vor und passen sich gerne an. Sie tun sich schwer, ihre eigenen Prioritäten herauszufinden, und richten sich nach den Wünschen der anderen, nehmen manchmal sogar ihren Akzent, ihren Wortschatz oder ihre Körpersprache an.

Sie sind oft äußerst aktiv, haben viele Interessen und Hobbys und bringen einen beachtlichen Teil ihrer Energie in ihre Arbeit ein. Sie ziehen es vor, in der Gesellschaft anderer Menschen zu sein, und sind für andere am produktivsten. In der Gesellschaft anderer erscheinen sie entspannt und weich, aber sie haben einen Großteil verborgener Energie und pendeln zwischen höchster Aktivität und erschöpfter oder lethargischer Passivität hin und her.

»Wenn ich alleine bin, dann fühle ich mich oft einsam und depri-
miert. Es ist einfach besser, mit anderen Menschen beisammenzu-
sein, und das ist es, was ich suche. Manchmal denke ich, daß ei-
gentlich ich meine Klienten bezahlen müßte statt umgekehrt, weil
sie mir zu einer Struktur verhelfen. Sie betreten mein Büro, und
ich übernehme von da an – das geschieht sehr intuitiv und un-
mittelbar – ihre Werte und Wertvorstellungen, selbst ihre Manie-
riertheiten, und es entsteht eine Menge Kraft und guter Gefühle,
wohingegen es schwer ist, wenn ich alleine bin.«

Neuner sind »selbstvergessen« und verlieren das Bewußtsein dafür, was ihnen wirklich wichtig ist. Sie lassen sich, selbst wenn sie allein sind, leicht ablenken und heben sich die wichtigsten Dinge bis zum Schluß auf. Das sieht wie eine Verzögerungstaktik aus, geschieht jedoch nicht absichtlich. Unwichtige Tätigkeiten, neue Interessen, andere Menschen, all dies erscheint ihnen unmittelbar als wichtige Arbeit. Sie erfüllen Termine im letzten Augenblick und verlassen sich häufig auf andere, sie daran zu erinnern.

»Es ist das klassische Szenario: Ich gehe nach oben in den ersten
Stock, um mein Tagebuch zu holen, dann sehe ich die trockenen
Pflanzen, also gieße ich sie, und das Waschbecken müßte mal ge-
putzt werden … eine Stunde später frage ich mich dann: ›Warum
bin ich eigentlich hier hochgekommen?‹ Ich habe viele Ziele, doch

es fällt mir schwer, mich auf eines zu konzentrieren. Die Leute müs-
sen mich ständig daran erinnern, Dinge für mich selbst zu tun, wie
zum Beispiel meine Verabredungen einzuhalten.«

Neuner sehen alle Standpunkte und wollen, wenn sie Informationen geben oder suchen, daß man ihnen die gesamten Zu-
sammenhänge mit allen relevanten Fakten darlegt. Daher können sie langatmig oder pedantisch erscheinen und den Eindruck
erwecken, daß es ihnen schwerfällt, Entscheidungen zu treffen.

»Habe ich hier alle Informationen? Ich bin mir nicht sicher, was
ich denke, vor allem wenn ich von mehreren Personen unter-
schiedliche Meinungen präsentiert bekomme. In Konferenzen sitze
ich da und höre zu, und jedes Argument hat einen gültigen Kern.«

Da ihre Welt so flüchtig erscheint, wollen Neuner gerne die Kontrolle in Händen halten und sind mitunter von Details besessen.
Sie sammeln Informationen ebenso wie Dinge, und gelegentlich verstricken sie sich tief in das Schmieden von Plänen, die
jedoch niemals in die Tat umgesetzt werden. Vollkommen in
Anspruch genommen von einer Sache, die für Außenstehende
eher nebensächlich zu sein scheint, können sie abwesend sein
und ihr Interesse für andere Dinge verlieren. Zugleich wollen
sie aber, daß andere an ihrem Projekt teilhaben oder es zumindest anerkennen.

Neuner tun sich schwer darin, ihre eigene Schlacht zu schlagen, auch wenn sie sich als Schiedsrichter für andere hitzig einsetzen oder dafür sorgen, daß keine Partei übersehen wird. In
persönlichen Angelegenheiten ist es für sie sehr mühsam, herauszufinden, was sie denken oder fühlen. Wut wird passiv
in Dickköpfigkeit oder Untätigkeit ausgedrückt oder in Aus-
brüchen, die zeitlich so weit von ihrem Ursprung entfernt liegen, daß selbst sie nicht genau wissen, worum es eigentlich geht.

Sie mögen es nicht, wenn man ihnen sagt, was sie tun sollen, aber sie sind lieber untätig, als sich aufzulehnen, so lange bis der »Fluß« sie packt und woanders hinführt.

> *»Ich wache eines Tages auf und sage: ›Nein, das bin ich nicht‹, und alle entgegnen: ›He, und ich dachte, du seist mit von der Partie.‹ Nun, es hat nie wirklich gepaßt, aber ich war da und hätte auch bleiben können. Aber jetzt ist es nicht mehr das richtige, und es wird Zeit, daß ich weiterziehe.«*

Unbewußte Neuner können bedürftig, unentschlossen, wartend, apathisch und besessen sein. Sie können sich nach einer Beziehung sehnen, die Welt für ihre Situation verantwortlich machen und dies durch Beschwerden und passiv-aggressives Verhalten zum Ausdruck bringen.

Bewußte Neuner wirken einfühlsam und großzügig, friedlich, offen, nachsichtig. Sie sind fähig, Harmonie herzustellen, indem sie intuitiv erkennen, wie die Energien in einer Gruppe verteilt sind und aus jedem Gruppenmitglied dessen eigentlichen Beitrag herauslocken.

Innere Anliegen und Kindheitsszenarios

Neuner wollten ihr intuitives Gefühl der Bindung und Zugehörigkeit in einer Welt behaupten, die von Trennung und Lieblosigkeit bestimmt schien. Sie lernten unterzutauchen, ihre Aufmerksamkeit nach außen zu richten und mit anderen zu verschmelzen.

Sie erzählen, daß sie als Kinder oft überhört wurden, ihre Familien übersahen sie scheinbar. Eine positive oder negative Haltung einzunehmen und damit Aufmerksamkeit auf sich zu ziehen, hätte möglicherweise nur weitere Trennung bedeutet. Da schien es besser, sich selbst zu vergessen und das zu sein, was andere Menschen offenbar von ihnen erwarteten.

»Jahrelang wurde mir zu verstehen gegeben, daß ich ungeschickt und dumm sei, und es war so, als müßte ich diese Rolle ausfüllen. Ich entfernte mich einfach innerlich. Erst als ich schon über zwanzig war, entschied ich, daß ich vielleicht doch intelligent sei, und begann zu studieren – womit ich gut zurechtkam.«

Manchen Neunern hat man tatsächlich verboten, sich auszudrücken. »Es hieß ganz eindeutig: ›Rede nicht über deine Gefühle‹ – auch nicht über Wahrnehmungen. Da sie nicht anerkannt wurden, ging ich einfach davon aus, daß ich keine Meinung hatte.«

Sie lernten außerdem, ihre Wut darüber, daß sie nicht gesehen wurden, zu »vergessen« und ihre bemerkenswert natürliche Energie auf Unwesentliches zu lenken, aus Furcht, daß es sie zum Handeln zwingen könnte. Ihre Wut kam auf eine Weise zum Ausdruck, die von ihnen scheinbar keine bestimmte Haltung oder auch nur ihr Dazutun verlangte.

»Es auszuhalten ist ein Mittel, um auf eine gleiche Ebene zu kommen und Wut passiv auszudrücken. Wenn sie mich brauchen oder wollten, dann war ich einfach nicht da (geistig, nicht körperlich) – ich trieb sie zum Wahnsinn –, dann wurden sie natürlich wütend, und es war damit nicht meine Wut, die zum Ausdruck kam.«

Leidenschaft und Fixierung

Faulheit und Trägheit

Faulheit und Trägheit richten sich nach innen und nicht nach außen und stützen die Selbstvergessenheit. Die emotionale Ansicht von *Faulheit* sorgt dafür, daß Neuner von ihren eigenen Gefühlen abgeschnitten bleiben, vor allem von dem körperlichen Impuls der Wut. Sie ersetzen sie auf der Bauchebene mit einem Gespür für die Stimmungen und Gefühle anderer Menschen, das so unmittelbar ist, als ob sie in deren Anwesenheit zu der anderen Person »würden«.

Neuner können die Faulheit durchbrechen, indem sie ihre Wut entdecken, aber in der Regel vermeiden sie dies.

>*Das ist es doch nicht wert. Ich weiß ja gar nicht, auf wen ich deshalb wütend sein soll. Überhaupt weiß ich gar nicht, ob ich wütend bin.*«

Diese Haltung nehmen sie vor allem in Anwesenheit eines Menschen ein, der sie wütend macht. Wenn sie ihre Wut anerkennen, dann wird sie wahrscheinlich vulkanische Ausmaße annehmen und daher verschoben:

>*Ich weiß nicht genau, worüber ich wütend bin, aber ich bin wütend, und vielleicht hast du etwas damit zu tun.*«

Wenn sie dazu angetrieben werden, eine gültige Aussage über ihre eigenen Wünsche oder Grenzen zu treffen – sich also an sich selbst zu erinnern –, dann steigt Wut in ihnen hoch, die sie jedoch verleugnen, indem sie dem anderen vorwerfen, sie dazu zu zwingen, wütend zu werden.

>*Es fühlt sich an, als hätte ich beim Fahren beide Beine durchgedrückt – den einen Fuß auf der Bremse, den anderen auf dem Gaspedal –, das ist sehr frustrierend. Und dann ist da dieser innere Zorn, den ich nicht ausdrücken kann und oft nicht spüre. Aber andere Leute merken das, und sie fragen mich dann, ob ich wütend bin, und ich reagiere mit: ›Nein, aber ich werde es bald sein, wenn du weiter fragst.‹*«

Möglicherweise stellen Neuner ihre Aktivitäten ein, wenn sie beginnen, ihre Ichlosigkeit zu hinterfragen, und danach suchen, wer sie abgesehen vom »Echo und dem Spiegelbild anderer

Leute« wirklich sind. Das anfängliche Dilemma des nach innen gekehrten Blicks, der dort nur Leere vorfindet, das Risiko, die Identität zu verlieren, ob sie nun selbstvergessen ist oder erwacht, dies kann in ihnen ein Gefühl von Macht- und Ziellosigkeit erzeugen.

Außer Faulheit gehört auch *Trägheit* zum mentalen Bild des Neuners. Sie ist eine Form der Selbstvernachlässigung, in der sie zwischen Dingen gefangen sind, die getan werden müssen, oder bei der ihnen eine Entscheidung darüber unmöglich erscheint, welche ihrer vielen Prioritäten sie zuerst verfolgen sollen. Sie können sich nicht dazu motivieren, auf der Basis ihrer eigenen Wahl zu handeln. Ausgerechnet ihre wichtigsten Prioritäten lösen in ihnen derartige Trägheit aus, daß Neuner oft sagen, sie hätten nicht geplant, im Leben dort zu sein, wo sie jetzt sind, es sei einfach »irgendwie geschehen«.

»Ich brauche eine Struktur, die mich bei der Sache hält. Normalerweise wird sie von einer anderen Person zur Verfügung gestellt, weil ich es schwierig finde, dafür selbst zu sorgen. Die Versuchung besteht darin, irgendwo eine interessante Struktur zu finden und sie dann einfach zu übernehmen.«

Außerdem lassen sie sich leicht davontreiben, überfordert nicht nur von den vielen Dingen, die sie tun könnten, sondern auch von der ganzen Art ihrer Aufmerksamkeit. Da sie sich wünschen, alles einzuschließen, vermögen sie an viele verschiedene Dinge gleichzeitig zu denken. Wie jemand aussieht, seine Gefühle, seine Vorstellungen und was er sagt, all dies stapelt sich über die bereits vorhandenen Gedanken des Neuners, und statt sich auf einen Aspekt zu konzentrieren, verabschiedet er sich lieber geistig.

Neuner vermeiden es, ihre Trägheit anzuerkennen und schneiden sich, indem sie sich mit wiederholten und beinahe zwanghaft unbedeutenden Tätigkeiten betäuben, von ihrer enormen körperlichen Energie ab, von der sie fürchten, daß sie sie überwältigen könnte. Ihre Betäubungsmittel können dabei so einfache Ablenkungsmanöver wie Lesen oder Computerspiele sein und alles, was ihnen hilft, den Schmerz des Vergessens zu vergessen.

Streß

Unter Streß, wenn sie von den Umständen gezwungen werden, einen Standpunkt zu vertreten, übernehmen Neuner die Eigenschaften des Sechsers. Sie werden ängstlich, nehmen alle potentiellen Bedrohungen wahr und ziehen sich entweder zurück oder werden noch willfähriger, oder sie werden verstockt, dickköpfig und streitsüchtig. Sie entwickeln noch mehr Verzögerungstaktiken, wenn ihre Entschlußlosigkeit sich in Zweifel verwandelt, und es kann für sie so aussehen, als ob die einzige Sicherheit in der totalen Handlungsverweigerung liegt.

»Handeln heißt, ich muß nach draußen und einen Standpunkt vertreten, und das ist gefährlich. Lange glaubte ich, ich sei ein Sechser, weil ich über lange Strecken meiner Kindheit unter Ängsten litt. Mein Vater bestand darauf, daß wir uns klar ausdrücken, und wir hatten Erörterungen über aktuelle Themen am Eßtisch – ich habe immer verloren. Aber wir durften nicht über irgend etwas sprechen, was in der Familie ablief.«

Sicherheit

Wenn sie sich sicher, zu Hause, eingeschlossen und anerkannt fühlen, dann werden Neuner mehr zu Dreiern. Ihre Energie richtet sich aus, und sie erreichen viele Dinge in kurzer Zeit. Die Tendenz des Dreiers, Anerkennung zu finden, ergänzt ihren natürlichen Wunsch, das zu tun, was andere von ihnen verlangen. Und eine stützende Partnerschaft mit einem entsprechenden Partner oder Boß bringt ihren Enthusiasmus und ihre Begabungen zutage.

»Ich habe noch niemals zuvor so hart oder so erfolgreich gearbeitet. Ich bete meine Frau und unser Baby an, und das hat mich dazu motiviert, endlich alles um das Haus herum in Ordnung zu bringen – aber auch meine Kunden sagen, sie haben eine Veränderung bemerkt. Vielleicht liegt es daran: Je schneller ich mit der Arbeit fertig bin, desto eher bin ich wieder zu Hause.«

Subtypen

Selbsterhaltend: Appetit

Indem sie sich zwanghaft in irgendeine Form betäubenden Verhaltens versenken, vermeiden Neuner es zu handeln. Außerdem halten sie damit die Welt in Schach und verringern ein doppeltes Risiko: das der Trennung, indem sie einen Standpunkt vertreten müssen, und das des Identitätsverlustes, indem sie mit anderen Menschen verschmelzen müssen.

»Ich hatte mir angewöhnt, vor dem Fernseher zu sitzen, wenn ich nicht gerade etwas anderes tun mußte … im Haus meiner Eltern war er immer an, damit die Familie sich nicht unterhalten mußte. Ich erinnere mich daran, daß eines Tages ein enger Freund vorbeikam, der eine schwierige Zeit durchmachte, und ich habe den ganzen Tag nur Videos angesehen. Ich konnte in allem etwas Interessantes finden, vom albernsten bis zum trockensten Thema.«

Sozial: Beteiligung

Soziale Neuner bringen ihre Ichlosigkeit und ihre körperliche Energie in die Verschmelzung mit der Gruppe ein. Teilnahme kann bedeuten, einer Gruppe beizutreten oder Aktivitäten für andere Gruppen zu erdenken oder sich in ein Netzwerk einzubinden. Neuner machen die Sache der Gruppe so sehr zu ihrer eigenen, daß sie sich selbst vollständig verlieren.

»Wir sind alle eins. Es ist wirklich wichtig für mich, daß alle mitmachen, daß die ganze Gruppe zusammenarbeitet und daß wir Spaß dabei haben. Ich übernehme die Führung in der Gruppe, wenn es zu Auseinandersetzungen kommt, denn ich liebe es, die Harmonie wiederherzustellen. Konflikte sind in Wahrheit nur eine Illusion – wenn doch nur alle das begreifen würden!«

Sexuell: Einheit

Die Neuner haben den leidenschaftlichen Drang, den Menschen zu finden, mit dem sie vollkommen verschmelzen können. Dies, so glauben sie, führt dazu, daß sie sich selbst finden. Dieser Drang kann jedoch auch in eine Religion kanalisiert werden und in den Wunsch, mit Gott eins zu werden. In diesem Fall kann es zu einem Konflikt darüber kommen, ob die Verschmelzung mit dem Partner oder mit Gott erfolgen soll, oder aber sie suchen nach dem Göttlichen im Partner und verschmelzen damit.

»Da ist einfach eine tiefe Kluft zwischen mir und der absoluten Liebe, nach der ich mich sehne. Wenn ich sie doch nur finden und mich vollständig in sie versenken könnte, dann würde alles gut werden; ich wäre ganz.«

Beziehungen

Neuner sind so sehr auf andere Menschen eingestellt, daß sie für Herztypen gehalten werden könnten. Beziehungen, die sie unterstützen, sind sehr wichtig, denn sie gestatten ihnen, sich zu entspannen und einfach »zu sein«, ohne daß sie Verantwortung übernehmen müssen. Die Beziehungen geben Neunern die Motivation zu handeln.

»Ich muß für mich Menschen finden, die ein Gespür für das Leben haben und etwas erreichen wollen, damit sie mich dorthin mitnehmen. Menschen, die zum Handeln treiben, wenn es mir schwerfällt, mich in Bewegung zu setzen.«

Neuner weisen Menschen nicht ab, selbst dann nicht, wenn sie sich von ihnen überfallen fühlen. Freunde finden ihre Willfährigkeit manchmal frustrierend.

»Man hat mir gesagt, daß es schwer ist, mit mir auszukommen, weil ich nicht immer sofort weiß, was ich will.«

Genauso wird ihre stillschweigende Forderung, eingeschlossen und gehört zu werden, als anstrengend empfunden. Neuner sind überrascht, wenn Freunde ihre unterdrückte Wut bemerken und sie auffordern, sie zum Ausdruck zu bringen.

»Mit meiner Wut Verbindung aufzunehmen hilft mir, meine Aufmerksamkeit auszurichten. Wenn das der Fall ist, so habe ich festgestellt, dann empfinden die Leute meine Wut nicht als bedrohlich.«

Obwohl Neuner in der Intimität die Vereinigung suchen, vermeiden sie es oft, sich zu binden oder sich zu trennen, nachdem eine Beziehung vorbei ist, denn beides würde von ihnen verlangen, einen bestimmten Standpunkt einzunehmen. Manche wechseln von einer Partnerschaft zur nächsten und verschmelzen jedesmal mit den Wünschen des neuen Partners.

Sind sie jedoch erst einmal in einer Partnerschaft, dann denken sie nicht daran, sie wieder aufzugeben und fühlen sich in einer gesetzten und unauflösbaren Beziehung gebunden. Sie können die Erfolge ihres Partners unterstützen und sich an ihnen erfreuen, ohne Eifersucht oder ein Konkurrenzgefühl zu entwickeln. Sie finden es vielmehr aufregend, dem anderen zuzujubeln und mitzuerleben, wie er sein Potential auslebt. Sie sind treu und großzügig und fähig, auf die Bedürfnisse des Partners einzugehen, wenn sie zum Vorschein kommen.

Am ehesten kommt ihre Wut in der Intimität zum Ausbruch. Partner, die ebenfalls auf der Suche nach Intimität sind, wollen Neunern dabei helfen, ihre Identität zu finden, die ja in der angestrebten Verschmelzung verschwindet. Es kann sich so anfühlen, als ob man mit einer Wolke zusammen wäre. Und wenn der Partner nach etwas Greifbarem verlangt, dann muß er feststellen, daß der Neuner zurückweicht.

»Ich verbringe viel Zeit, ohne zu wissen, was ich wirklich fühle, einfach Mattscheibe, auch wenn ich wirklich danach gesucht habe, konnte ich nichts finden. – Also mußte sie das auf mich projizieren, von dem sie glaubte, daß ich es fühlte. Darum lagen wir uns einen Großteil der Zeit in den Haaren, was mir keinen Spaß machte, aber immerhin hilft es mir herauszufinden, was ich will. Doch die meiste Zeit hasse ich es. Laß mich allein herausfinden, was ich will, und wenn das geschafft ist, dann kannst du mir helfen.«

Auseinandersetzungen in Beziehungen sind für den Neuner eine Möglichkeit, eine Trennung zu erzeugen und damit einen Zugang zu ihrer Identität zu schaffen. Sie sind daher für ihn ein Weg, um im Zusammentreffen zweier gleichwertiger Partner eine Verbindung herzustellen und Intimität zu schaffen.

Was Neuner tun können,
um ihr Wachstum zu fördern

⬧ Beginnen Sie Ihren Tag damit, daß Sie vorausplanen, was heute für Sie wichtig ist, und beenden Sie ihn, indem Sie prüfen, inwieweit Sie sich an Ihren Plan gehalten haben.

⬧ Üben Sie sich darin oder schließen Sie sich einer entsprechenden Selbsthilfegruppe an, die Sie darin unterstützt, eine Verbindung mit Ihrem Gefühl im Bauch, auch mit der Wut aufzunehmen und es dann auszudrücken, wenn Sie es spüren.

⬧ Werden Sie es sich bewußt, wenn Sie sich ablenken lassen oder von etwas besessen sind, überlegen Sie, von welchen Gefühlen dies begleitet wird. Geben Sie sich selbst die Gelegenheit, diese Gefühle wirklich zu empfinden.

⬧ Vermeiden Sie es, sich selbst klein und andere größer zu machen, als sie es sind.

⬧ Achten Sie darauf, wenn Sie darüber nachdenken, ob Sie zustimmen oder nicht zustimmen sollen; fragen Sie sich, was Sie selbst denken, ohne die Meinung der anderen zu berücksichtigen.

⬧ Machen Sie sich bewußt, wie Ihre Gedanken von Ihnen fortstreben, nehmen Sie sich die Zeit, sich zu fragen, was für Sie wirklich wichtig ist.

⬧ Entscheiden Sie über Ziele, beschließen Sie für sich Handlungspläne mit klaren Zeitvorgaben, und suchen Sie sich Unterstützung von außerhalb, die Ihnen hilft, bei Ihren Plänen zu bleiben.

⬧ Machen Sie sich klar, wie Abhängigkeit und Verschmelzen es Ihnen gestatten, andere verantwortlich zu machen, wenn etwas schiefgeht.

⬧ Machen Sie sich Ihre Dickköpfigkeit und Ihren passiven Widerstand bewußt und fangen Sie an, das auszudrücken, womit Sie nicht einverstanden sind.

- ◇ Nutzen Sie Wut und passive Aggression, um zurückzublicken und herauszufinden, was für Sie wichtig war und von Ihnen übersehen wurde; wo hat die Wut ihren Ursprung?
- ◇ Drücken Sie Ihre Wut, um ihr die Spitze zu nehmen und um sie unmittelbarer zu spüren, in Ihrer Phantasie aus.
- ◇ Machen Sie sich Ihr Unbehagen bewußt, wenn Veränderungen bevorstehen, und lernen Sie, sie trotzdem willkommen zu heißen.
- ◇ Üben Sie, einen Standpunkt einzunehmen und zu verteidigen, auch wenn Ihnen das anfangs vielleicht willkürlich vorkommt oder als ob Sie eine Rolle spielten.
- ◇ Lernen Sie, nein zu sagen, wenn neue Verpflichtungen vor der Tür stehen.

Was Freunde tun können, um Neuner zu unterstützen

- ◇ Unterstützen Sie sie in allen oben genannten Punkten.
- ◇ Unterstützen Sie sie darin, sich auf eine Sache zu konzentrieren, indem Sie ihre Aufmerksamkeit dorthin zurücklenken. Aber seien Sie vorsichtig dabei, sonst werden sie sich vor Ihnen verschließen.
- ◇ Sorgen Sie für eine sichere Umgebung, damit sie ihre Wut erfahren und erforschen können.
- ◇ Helfen Sie ihnen dabei, zwischen einer positiven Meinungsäußerung und Wut zu unterscheiden, indem Sie ihnen erklären, wie sich beides für Sie anfühlt.
- ◇ Fragen Sie sie, was sie sich wünschen und brauchen und was für sie wichtig ist.

Heilige Tugend und Idee
Tat und Liebe (Barmherzigkeit)

Wenn Neuner ihre Aufmerksamkeit wieder nach innen richten, dann stoßen sie auf die Quelle großer Energie und auf die intuitive Weisheit ihres bauchorientierten Bewußtseins. Statt außerhalb ihres Selbst nach der Motivation für Handlung zu suchen, begreifen sie, daß sie in ihnen selbst liegt. Statt ihre Aufmerksamkeit auf Unbedeutendes zu lenken, um damit ihre Angst vor der Trennung zu verschleiern, erkennen sie, daß sie schon immer an die Essenz, an ihr kühnes Selbst angeschlossen sind und daß aus dieser Quelle ihre Fähigkeit stammt, die *richtige Tat* zu erkennen und jederzeit auszuführen.

Dies geht Hand in Hand mit der Bewußtheit von *Liebe*. Fest im Griff ihrer Fixierung glauben Neuner, daß Ichsein Trennung bedeutet und das Verschmelzen mit einem anderen das göttliche Einssein darstellt. Sie müssen sich ihrem wahren Selbst gegenüber träge verhalten, damit sie die Verschmelzung erreichen können. Dabei handelt es sich um eine spirituelle Falle, da Einssein tatsächlich bedeutet, die zugrundeliegende Einheit von zwei (oder mehreren) voneinander getrennten Einheiten zu erleben. Liebe ist ein Zustand, bei dem sich das Bewußtsein öffnet, um alle anderen einzuschließen, und mittels dieser Erfahrung erkennen Neuner, daß sie sich selbst weder verleugnen noch unterdrücken müssen, da sie grundsätzlich bereits untrennbar und wiedergeliebt sind.

Typen, die sich ähnlich sind

Vielleicht fällt es Ihnen anfangs schwer zu entscheiden, welcher Typ Sie sind. Möglicherweise kommen Ihnen zwei oder auch mehr Typen vertraut vor. Neuner zum Beispiel können sich oft mit allen Typen identifizieren. Mitunter finden Menschen, die jahrelang glaubten, sich dem einen Typ zurechnen zu können, heraus, daß ihnen ein ganz anderer entspricht. Ein begabter Enneagramm-Lehrer kann nach einem etwa einstündigen, intensiven Gespräch den Typ einer Person herausfinden, und selbst dann läßt er sich von der Person seine Deutung aus ihrer eigenen Sicht bestätigen.

In welchem Zentrum wir auch leben, ob Kopf, Herz oder Bauch, wir haben die Kapazität zu allen menschlichen Gefühlen, wenn sie uns vielleicht auch nicht alle gleichermaßen vertraut sind. Außerdem sorgt unser persönlicher Hintergrund dafür, daß wir in Alltagssituationen auf bestimmte Glaubenshaltungen, Vorlieben oder Verhaltensmuster zurückgreifen, die nicht unbedingt zu unserem Enneagramm-Typ passen müssen.

Menschen, die unterschiedlichen Typen angehören, können ähnlich handeln, denken und sogar fühlen. Die Angst vor dem Fliegen macht einen nicht mehr zum Sechser als ein ausgeprägtes Gerechtigkeitsgefühl zum Achter, und es ist auch nicht allein der Dreier, der bereitwillig Überstunden macht, um etwas zu erreichen. Es gibt mehrere Möglichkeiten, die eine Person eines Typs »ähnlich« aussehen lassen wie die eines anderen:

✧ Allgemeine Typenähnlichkeit
  Es gibt einzelne Typen, die oberflächlich betrachtet, sehr ähnlich erscheinen.

Die offensichtlichsten sind:

1 und 6 (Angst)

1 und 8 (Wut, Rechtschaffenheit)

2 und 7 (Verspieltheit, Optimismus, viele Aktivitäten)

2 und 9 (Bedürfnisse anderer Menschen)

3 und 7 (Arbeitssucht, Gefälligkeit)

3 und 8 (Arbeitssucht, Entschlossenheit)

8 und gegen Angst eingestellte 6 (Konfrontation)

✧ Streß und Sicherheit

Wir alle nehmen die Färbung eines anderen Typs an, wenn wir uns im Streß oder in einer sicheren Situation befinden. Es ist möglich, so lange in einem dieser beiden Zustände zu verharren, daß wir schließlich so handeln und fühlen wie der betreffende Typ. Zum Beispiel kann sich ein Mensch, dessen Kindheit von Streß geprägt war, später als Erwachsener in mancher Hinsicht wie der Streß-Typ verhalten; oder aber wir werden vorübergehend zu unserem Sicherheits-Typ, wenn wir eine lange Zeit in einer sicheren und glücklichen Beziehung gelebt haben.

✧ Flügel

Möglicherweise haben wir eine besonders starke Verbindung zu einer unserer Flügelspitzen, entweder auf Dauer oder aber von Zeit zu Zeit. Als ich zum ersten Mal mit dem Enneagramm in Berührung kam, hielt ich mich für einen Neuner, weil mein Verhalten dem des Neuners sehr ähnlich ist (aber auch, weil ich insgeheim dachte, daß Neuner »nettere Leute« sind als Achter). Ich benötigte das Feedback eines engen Freundes und viel Ehrlichkeit, um mir einzugestehen, daß ich ein Achter bin. Noch immer aber kann mein Verhalten dem des Neuners sehr ähnlich ein.

◇ Kulturelle Einflüsse

Dieses Thema ist zu umfangreich, um es in diesem Buch ab-
zuhandeln, und kann nur angedeutet werden. Doch es trifft
zu, daß mitunter eine kulturelle Überlagerung das Verhalten
von Menschen beeinflussen kann und daher ihren Enneagramm-Typ unklar erscheinen läßt. Zum Beispiel: In den USA
werden die Attribute von Dreiern hoch eingeschätzt (»Geh,
und hol's dir!«); in England wurde traditionell das Persönlichkeitsbild des Fünfers (steife Oberlippe) mit einem Spritzer
Achter (John Bull) vermittelt. In manchen Kulturen herr-
schen noch immer starke männliche und weibliche Stereotypen vor. Am offensichtlichsten ist der Zweier ein Ideal für
weibliches Verhalten, für männliches Verhalten sind es Achter, Dreier und Einser.

Streß- und Sicherheitsverhalten kann zwar eine vorübergehende Ähnlichkeit mit anderen Typen hervorrufen, doch außerdem – oder deswegen – ist es eine große Hilfe, wenn es darum
geht, den eigentlichen Typ zu ermitteln. Nutzen Sie sie grundsätzlich als Hilfsmittel, um den Typ, den Sie für sich herausgefunden haben, zu überprüfen.

Die folgenden Listen werden Ihnen bei der Suche nach Ihrem
Enneagramm-Typ helfen, nachdem Sie die Zahl der Möglichkeiten erst einmal auf zwei oder drei Typen reduziert haben. Mit
einfachen Fragen wird herausgefunden, worauf sich Ihre Aufmerksamkeit bei ähnlichen Verhalten tatsächlich richtet. Wie
gesagt, es handelt sich nicht um einen Fragebogen, mit dessen
Hilfe Sie aus allen neun Typen für sich den richtigen auswählen
können. Bisher existiert kein solcher Fragebogen, obschon bereits eine Reihe von Tests zur Verfügung stehen.

Die einzige sichere Methode, um den eigenen Typ herauszufinden, ist die Selbstbeobachtung. Aufschluß gibt auch das un-
verwechselbare Gefühl von geistiger Verwandtschaft mit anderen Menschen ihres Typs, wenn Sie hören, wie sie über sich

selbst reden – und der überraschende Kontrast zu anderen Typen. Das ist der Grund, warum ich Workshops, die mit der mündlichen Überlieferung arbeiten, als grundlegenden Schritt bei der Arbeit mit dem Enneagramm empfehle.

Die Anwendung der Listen

Die Listen enthalten für jedes mögliche Typenpaar Angaben über die Art ihrer Ähnlichkeit, eine kurze Beschreibung der Punkte, in denen sie sich ähneln, und zwei oder drei Fragen. Die Fragen sind knapp formuliert, um Ihnen dabei zu helfen, sie mit einem klaren Ja oder Nein zu beantworten. Geben Sie immer eine klare Antwort, auch dann, wenn es sich um einen weniger eindeutigen Fall handelt. Wenn Sie einen Satz nicht mögen oder »Ich weiß nicht« denken, dann kann er für Sie entweder ohne Bedeutung sein oder einen Teil Ihrer Persönlichkeit ansprechen, zu der Sie nicht stehen können.

Wenn Sie die Fragen benutzen, um den Typ Ihrer Freunde und Bekannten herauszufinden, dann stellen Sie sie bitte nicht, ohne ihnen vorher zu sagen, was es damit auf sich hat. Geben Sie ihnen das Buch zu lesen, wenn sie sich dafür interessieren, und fragen Sie sie nach ihrer Meinung. Jeder kennt sich selbst am besten und kann sich darum am sichersten einordnen.

Um Wiederholungen zu vermeiden, sind alle Paare nur einmal aufgeführt, und zwar unter dem ersten Typ. So finden Sie unter Typ Eins alle Kombinationsmöglichkeiten von 1–2 bis 1–9. Unter Typ Zwei finden Sie die Kombinationen 2–3, unter Typ Drei 3–4 bis 3–9 und so weiter. Für den Neuner gibt es folglich keine Liste. Wenn Sie zum Beispiel glauben, ein Sechser oder ein Achter zu sein, dann finden Sie unter Typ Sechs die Kombinationen 6–8. Halten Sie sich für einen Zweier, Siebener oder Dreier, dann finden Sie unter Typ Zwei das Paar 2–3, und das Paar 2–7 und unter Typ Drei das Paar 3–7.

Decken Sie zunächst die rechte Spalte ab, damit Ihre Antworten spontan kommen können.

Typ Eins: Der Perfektionist

Zwei *Flügelähnlichkeit*   1 2

Zweier mit Einser-Flügel: selbstgerecht, selbstkritisch, perfektionistisch

Einser mit Zweier-Flügel: Sorge um andere/Altruismus

Ist es Ihnen wichtiger, eine andere Person glücklich zu machen oder eine Aufgabe gut zum Abschluß zu bringen?   **N J**

Zeigen Sie unterschiedlichen Personen verschiedene Facetten Ihrer Persönlichkeit?   **N J**

Drei *Mögliche Ähnlichkeit*   1 3

Arbeitssüchtig, aktiv, kompetent, motiviert andere, scheinbar selbstbewußt

Sind Sie bereit, Abkürzungen zu nehmen, um eine Aufgabe zum Abschluß zu bringen?   **N J**

Ist Ihnen Vortrefflichkeit wichtiger als Erfolg?   **J N**

Vier *Ähnlichkeit im Bereich Streß/Sicherheit*   1 4

Intensität, Melancholie, Sehnsucht, kann sehen, was falsch ist bzw. fehlt, kritisch, Selbstablehnung, idealistisch

Streß-Einser: emotional

Sicherheits-Vierer: kritisch

Ist ethisches und korrektes Verhalten das Thema Ihrer Kritik?   **J N**

Oder kritisieren Sie Beziehungen und persönliche Angelegenheiten?   **N J**

Ist der korrekte Abschluß einer Aufgabe in der Regel wichtiger als die Probleme in einer Beziehung zu klären? **J N**

Fünf *Mögliche Ähnlichkeit* 1 5

Kenntnisreich, kontrollierte Energie, körperliche
Anspannung, muß Dinge richtig machen, behält
Gefühle für sich

Ist es wahrscheinlicher, daß Sie sich ärgern, als daß
Sie ängstlich reagieren, wenn jemand Sie anschreit? **J N**

Brauchen Sie fast immer Zeit für sich allein, um
nachzudenken? **N J**

Sechs *Allgemeine Ähnlichkeit* 1 6

Verzögerung, Ängstlichkeit, mißtrauisch gegenüber
Autoritäten, Selbstzweifel, Wille, alles richtig zu
machen, Fairneß/Moral, Unterstützung, Dinge
ausdenken, möglicherweise streitlustig, scheint
kritisch

Hören Sie fast immer eine wütende oder kritische
innere Stimme, die Ihnen Maßstäbe vorschreibt,
die Sie niemals einhalten können? **J N**

Haben Sie, nachdem Sie zu einem bestimmten
Standpunkt gekommen sind, die Tendenz, diesen
wieder in Frage zu stellen? **N J**

Sieben *Ähnlichkeit im Bereich Streß/Sicherheit* 1 7

Wütend unter Druck, arrogant
Streß-Siebener: kritisch sich selbst und anderen
gegenüber, ärgerlich, pingelig
Sicherheits-Einser: möglicherweise verspielt,
Abenteuergeist, liebt Vergnügen

Sind Ärger und Selbstkritik ein durchgängiges
Merkmal in Ihrem Leben? **J N**

Haben Sie im allgemeinen eine optimistische Einstellung zur Zukunft? **N J**

Acht *Allgemeine Ähnlichkeit* 1 8

Moralisch, Schwarzweißdenken, urteilend, wütend,
reißt Verantwortung an sich, tut Dinge auf »seine Art«,
macht sich Sorgen in bezug auf Fairneß/Gerechtigkeit,
verlangt nach der Wahrheit

Halten Sie sich im allgemeinen an einen festen Satz,
Verhaltensregeln? J N

Fällt es Ihnen leicht, sich Vergnügen zuzugestehen
und sie auch auszukosten? N J

Neun *Flügelähnlichkeit* 1 9

Verzögern, unerwartete Wut

Neuner mit Einser-Flügel: genau, selbstkritisch,
verurteilend

Einser mit Neuner-Flügel: ersehnt Harmonie,
kann schlampig sein

Fällt es Ihnen leicht, in einer Diskussion Ihre Position
zu behaupten? J N

Würden Sie sagen, daß harmonische Beziehungen
wichtiger sind, als das Richtige zu tun? N J

Typ Zwei: Der Geber

Drei *Flügelähnlichkeit* 2 3

Verändert sich, um es anderen recht zu machen, benötigt
Beifall, kennt innere Bedürfnisse nicht, imagebewußt

Zweier mit Dreier-Flügel: aufgabenorientiert,
insbesondere in bezug auf einen selbstgewählten
Boß oder Mentor

Dreier mit Zweier-Flügel: (insbesondere in helfenden
Berufen und Hausfrauen/Ehemänner) übernimmt
erfolgreich Rolle des Gebers

Bekommen Sie das größte Lob dafür, daß Sie andere
zufriedenstellen? J N

Oder dafür, daß Sie Ihre Arbeit zum Abschluß bringen? **N J**
Werden Sie emotional, wenn Sie bemerken, daß die
Leute dauernd Forderungen an Sie stellen, ohne etwas
zurückzugeben? **J N**

Vier *Ähnlichkeit im Bereich Streß/Sicherheit* **2 4**
Emotional, Einfühlungsvermögen, sucht Zustimmung
bzw. Verbindung, kann eitel oder besonders »erscheinen«, fühlt sich leer, verändert sich, um es anderen
recht zu machen
Sicherheits-Zweier: stärker emotional, vielleicht
nostalgisch oder unsicher, sehr künstlerisch
Streß-Vierer: befriedigt die Bedürfnisse anderer
Ist Ihre Aufmerksamkeit allgemein auf Sie selbst
und auf Ihre Gefühle gerichtet? **N J**
Sind Sie sich in einer Beziehung Ihrer Fähigkeit sicher,
den anderen zufriedenzustellen, und glauben Sie
deshalb, die Kontrolle zu haben? **J N**

Fünf *Sehr unwahrscheinliche Ähnlichkeit* **2 5**
Sammeln von Informationen, kennt eigene Gefühle
im Augenblick nicht.
Zweier: fähig, undurchdringlich und intellektuell
zu sein
Setzen Sie Ihr Wissen dazu ein, um andere zufriedenzustellen? **J N**

Sechs *Mögliche Ähnlichkeit mit Sechser-Subtyp:* **2 6**
Selbsterhaltung
Sechser-Subtyp: Selbsterhaltung: warm, angenehm,
will dienen, bewegt sich auf andere zu, braucht es,
gemocht zu werden
Zweier: ängstlich, fürchtet sich, Fehler zu machen
oder falsche Entscheidungen zu treffen

Ist Ihr Interesse größer, interessante Menschen
anzuziehen? **J N**
Oder für die Sache der Unterdrückten? **N J**
Sind Sie allgemein mißtrauisch, was die verborgenen
Motive der Menschen betrifft? **N J**

Sieben *Allgemeine Ähnlichkeit* **2 7**
Voller Energie, optimistisch, freundlich, möchte
gemocht werden, schätzt Beziehungen, charmant,
verführerisch, hat gern Spaß und sorgt dafür, daß
auch andere ihn haben, wählerisch in der
Kontaktaufnahme, arbeitet hart, wird manchmal
als seicht empfunden
Ist es Ihnen wichtig, die Bedürfnisse anderer
Menschen vor Ihren eigenen zu erfüllen? **J N**
Sind Sie, wenn Sie alleine sind, leicht von Ihren
intellektuellen Interessen gefesselt? **N J**

Acht *Ähnlichkeit im Bereich Streß/Sicherheit* **2 8**
Großzügig, voller Energie, liebt Vergnügen, hat
Schwierigkeiten, etwas anzunehmen, gesellig,
wird von Macht angezogen, kann ein starker
Anführer sein
Streß-Zweier: könnte wütend werden, macht Druck,
um seinen Willen durchzusetzen
Sicherheits-Zweier: großzügiger und intuitiv gebend
Wie gehen Sie damit um, wenn jemand auf Sie
wütend ist – haben Sie Freude an einem guten Streit? **N J**
Ist Ihnen fast immer die Zustimmung anderer wichtig,
auch wenn Sie nicht ihrer Meinung sind? **J N**

Neun *Allgemeine Ähnlichkeit* **2 9**
Nimmt intuitiv Gefühle und Bedürfnisse anderer wahr,
stellt diese an erster Stelle, verschmilzt mit anderen,

hilfsbereit, freizügig, ist sich eigener Gefühle/Priori-
täten nicht bewußt, möchte gemocht werden, fühlt
sich möglicherweise unberücksichtigt und nicht wahrgenommen, aktiv

Bewegen Sie sich aktiv auf ausgewählte Menschen zu,
an denen Sie interessiert sind?   **J N**

Oder reagieren Sie auf (verschmelzen mit) den
meisten Menschen in Ihrer Umgebung?   **N J**

Verlangt Ihre grundlegende Motivation von Ihnen,
anderen Vergnügen zu bereiten?   **J N**

Typ Drei: Der Dynamiker

Vier *Flügelähnlichkeit*   **3 4**

Wettbewerbsorientiert, imageabhängig, charmant
Dreier mit Vierer-Flügel: neigt zu künstlerischem
Ausdruck, erlebt Trauer insbesondere in Beziehungen
Vier mit Dreier-Flügel: zieht höhere den traurigen
Gefühlen vor, voller Energie, karriereorientiert

Fällt es Ihnen relativ leicht, sich in die schmerzlichen
Gefühle der Leute einzufühlen?   **N J**

Verändern Sie instinktiv Ihre Anforderungen an sich,
abhängig von dem, was Sie meinen, daß andere Leute
mögen werden?   **J N**

Fünf *Keine Ähnlichkeit*

Sechs *Ähnlichkeit im Bereich Streß/Sicherheit*   **3 6**

Loyal, unterstützt Anliegen, Selbstzweifel, arbeitet
hart
Sicherheits-Dreier: kann ängstlich werden, zweifelt
an sich selbst und seiner Fähigkeit zum Erfolg
Streß-Sechser: kann sich auf Ziele konzentrieren
und mit Erfolg umgehen

Ist es Ihnen wichtig, daß die Leute Sie mögen und daß
Sie leicht mit jedem klarkommen, wenn Sie wollen? **J N**
Machen Ihnen viele Dinge Angst, selbst wenn sie
direkt nichts mit Ihrem potentiellen Erfolg oder
Versagen zu tun haben? **N J**

Sieben *Allgemeine Ähnlichkeit* **3 7**

Voller Energie, arbeitssüchtig, setzt sich Ziele, macht
Listen und Pläne, spürt Leistungsvermögen, macht
sich beliebt, vermeidet negative Gefühle
Ertappen Sie sich selbst dabei, daß Sie sich Möglich-
keiten offenhalten, selbst wenn dies bedeutet, daß
Sie die Torpfosten verschieben müssen? **N J**
Geht es Ihnen bei einem relativ lang andauernden
Projekt darum, seinen Erfolg zu sichern? **J N**
Oder wird Ihnen vor dem Ende langweilig und Sie
wenden sich etwas Interessanterem zu? **N J**

Acht *Allgemeine Ähnlichkeit* **3 8**

Voller Energie, arbeitssüchtig, Führung und Kontrolle,
Alleskönner-Einstellung, gewinnt gerne, überrennt in -
seiner Zielstrebigkeit unbeabsichtigt andere, wird
frustriert durch Unfähigkeit
Wenn jemand wütend und nach Ihrer Auffassung un-
gerechtfertigt die Konfrontation mit Ihnen über etwas
sucht, das Sie getan haben, behaupten Sie instinktiv
Ihren Boden und lassen sich auf einen Kampf ein? **N J**
Würden Sie Ihren Standpunkt ändern, weil dies
Ihnen beim Erreichen Ihrer Ziele helfen würde? **J N**

Neun *Ähnlichkeit im Bereich Streß/Sicherheit* **3 9**

Streß-Dreier: wankelmütig in seiner Meinung, eher
bereit, sich der Tagesordnung und den Wünschen
anderer anzupassen

Sicherheits-Neuner: kann energisch und effizient sein Ziel erreichen, meint zu wissen, was er will
Können Sie, wenn Sie mit guten Freunden zusammen sind, ebensoviel Spaß haben oder mehr, wenn keine besonderen Aktivitäten geplant sind? **N J**
Ist es Ihnen sehr wichtig, in Ihrem selbstgewählten Umfeld als erfolgreich gesehen zu werden? **J N**

Typ Vier: Der Romantiker

Fünf *Flügelähnlichkeit* **4 5**
Glaubt, Aufmerksamkeit nicht wert zu sein, wirkt möglicherweise arrogant oder unnahbar
Vierer mit Fünfer-Flügel: abwesend/schüchtern, braucht Zurückgezogenheit, ist von seinen Gefühlen abgeschnitten oder unterdrückt sie
Fünfer mit Vierer-Flügel: künstlerisch, auffallend, hat möglicherweise ein stark ausgeprägtes Gefühlsleben mit einer Tendenz zur Melancholie
Ist für Sie das Einsetzen Ihres Verstandes am wichtigsten und belebendsten? **N J**
Oder würden Sie sagen, daß Sie das Leben mehr über Ihre Gefühl erfahren? **J N**
Wenn Sie mit anderen Menschen zusammen sind, schämen Sie sich dann manchmal ohne ersichtlichen Grund? **J N**

Sechs *Mögliche Ähnlichkeiten mit Anti-Angst-Sechsern* **4 6**
Bricht Regeln, findet Gefahr aufregend, haßt es, Anweisungen entgegennehmen zu müssen, gegen Autoritäten, furchtsam, Selbstzweifel, idealistisch
Werden Sie von Ihren eigenen oder den tiefen Gefühlen anderer angezogen? **J N**

Denken Sie über die Zukunft nach, indem Sie sich
vorstellen, was schiefgehen und wie man es vermeiden könnte? **N J**

Sieben *Mögliche Ähnlichkeit* **4 7**
»Besonders«, intensiv, stilvoll, leichtsinnig, offen-
sichtliche Nähe-Distanz-Probleme in Beziehungen,
selbstbezogen
Versuchen Sie, Leid möglichst zu vermeiden und
kümmern sich, wenn dies nicht möglich ist, um
Ihre Heilung und darum, daß es rasch wieder
vorangeht? **N J**
Haben Sie das Gefühl, daß Sie von Menschen, die
Sie lieben, verlassen wurden oder verlassen werden
könnten? **J N**

Acht *Mögliche Ähnlichkeit* **4 8**
Intensiv, emotional, leichtsinnig, hohe Maßstäbe,
Authentizität der Werte, auffallend, verletzliches
Herz, selbstbezogen
Fühlen Sie sich nach einem »guten Streit« mit
einem nahestehenden Menschen voller Energie
und haben Sie ein sicheres Gefühl bezüglich Ihrer
Beziehung? **N J**
Erscheint es Ihnen natürlich, sich über längere Zeit
und mit einer gewissen Tiefe Ihren Gefühlen zu
widmen und sie zu erforschen? **J N**

Neun *Mögliche Ähnlichkeit* **4 9**
Melancholie, Selbstablehnung, Wunsch, verstanden
zu werden, fühlt sich nicht zugehörig oder »anders«,
taucht in Beziehung unter, geistig abwesend, erlebt
sich selbst als liebevoll, sucht Verbindung
Depressive Vierer könnten träge sein

Weil niemand Sie wahrnimmt oder Ihnen zuhört, fragen
Sie sich manchmal, ob Sie das Individuum für Ihre
Mitmenschen existieren oder ob Sie sie langweilen?　　**N**　**J**
Wenn sich in einer Beziehung Nähe entwickelt,
stellen Sie fest, daß Sie Unvollkommenheiten bei
Ihrem Partner bemerken und kritisieren, selbst dann,
wenn er Ihnen gestern noch vollkommen erschien?　　**J**　**N**

Typ Fünf: Der Beobachter

Sechs *Flügelähnlichkeit*　　　　　　　　　　　　　**5**　**6**
Fünfer mit Sechser-Flügel: kann sich seiner Angst und
anderen Sechser-Themen bewußt sein, zweifelt vielleicht
an der eigenen Realität
Sechser mit Fünfer-Flügel: zurückgezogen, eigen,
nachdenklich
Sind Sie sich recht unmittelbarer Reaktion auf
Ereignisse bewußt, selbst wenn Sie sie nicht sogleich
zum Ausdruck bringen?　　　　　　　　　　　　　　**N**　**J**
Kommt es Ihnen oft so vor, als ob das Leben wie das
Ansehen eines Films ist, daß kein Ereignis Sie beson-
ders berührt?　　　　　　　　　　　　　　　　　　**J**　**N**

Sieben *Ähnlichkeit im Bereich Streß/Sicherheit*　　**5**　**7**
Weitreichendes Vorstellungsvermögen und Liebe
für Ideen
Streß-Fünfer: gehen ungern Verpflichtungen ein,
überprüfen alle Möglichkeiten, um Bedrohung zu
entgehen, erscheinen möglicherweise ausweichend
und zerstreut
Sicherheits-Siebener: erfreuen sich vielleicht an ein-
samem intellektuellem Streben, lehnen sich zurück
und beobachten, statt selbst im Mittelpunkt der Aufmerksamkeit zu stehen, wirken zurückgezogen

Wenn Sie alle Möglichkeiten bedenken, sind die meisten von ihnen angenehm oder führen wenigstens zu einem angenehmen Ergebnis?   **N J**

Fühlen Sie sich erschöpft oder zumindest abgespannt, wenn Sie nicht wenigstens einen Teil des Tages für sich allein haben?   **J N**

Acht *Ähnlichkeit im Bereich Streß/Sicherheit*   **5 8**

Sicherheits-Fünfer: stark aus sich herausgehend, bevormundend, hat möglicherweise Zugang zu Wut, starker Beschützerdrang gegenüber Personen, die ihm wichtig sind

Streß-Achter: körperlich oder geistig zurückgezogen, braucht Raum, um sich zu finden und nachzudenken, schließt die Welt möglicherweise aggressiv aus

Finden Sie in der Konfrontation leicht und unmittelbar Zugang zu Ihrer Wut?   **N J**

Werden Sie furchtsam, wenn Sie sich bedroht fühlen?   **J N**

Neun *Mögliche Ähnlichkeit*   **5 9**

Liebt Zurückgezogenheit, beobachtet aus einem gewissen Abstand, verzögert Handlung, dickköpfig, sich zurückziehend, Informationen sammelnd

Haben Sie eine klare Vorstellung von Ihren Grenzen, und fällt es Ihnen leicht, sie aufrechtzuerhalten?   **J N**

Stellen Sie fest, daß Sie sich anderen Menschen und ihren Wünschen anpassen, selbst dann, wenn Sie das Bedürfnis haben, allein zu sein?   **N J**

Typ Sechs: Der Dynamiker

Sieben *Flügelähnlichkeit*   **6 7**
Phantasievoll, Angsttyp

Sechser mit Siebener-Flügel: liebt möglicherweise Spaß und ist gesellig, mag mannigfaltige Aktivitäten, Netzwerker
Siebener mit Sechser-Flügel: ist sich vielleicht seiner Ängste und Ängstlichkeit bewußt, plant negative und positive Ergebnisse ein
Finden Sie, daß Ihre Phantasien Sie mehrheitlich zu angenehmen zukünftigen Möglichkeiten und/oder strahlenden Idealen führen? **N J**
Wenn Sie Erfolg mit etwas haben, fällt es Ihnen dann leicht, den Komplimenten hierfür Glauben zu schenken? **N J**

Acht *Allgemeine Ähnlichkeit mit Anti-Angst-Sechsern* **6 8**
Konfrontierend, mag keine Regeln, macht sich Autoritätsthemen zu eigen, kämpft für guten Zweck, sieht die Welt als feindlich oder potentiell unfreundlich, tut gefährliche Dinge
Wenn die Situation es verlangt, übernehmen Sie dann leicht und gerne eine Führungsrolle? **N J**
Hinterfragen Sie häufig Ihre Entscheidungen, selbst dann, wenn Sie sich bereits Ihrer Sache sicher sind? **J N**

Neun *Ähnlichkeit im Bereich Streß/Sicherheit* **6 9**
Sicherheits-Sechser: verliert Sinn für Bedrohung, hat Freude daran, einfach mit Leuten zusammenzusein und ihnen Zutritt zu gewähren
Streß-Neuner: kann sehr furchtsam sein, mißtraut anderen, sieht Zukunft pessimistisch, erwartet Böses
Stellen Sie sich in den meisten Situationen bestimmte Bedrohungen und die schlimmstmöglichen Ergebnisse vor? **J N**
Lassen Sie es meistens zu, daß Menschen auf Sie einwirken, statt darauf zu achten, möglichst unbeteiligt zu bleiben? **N J**

Typ Sieben: Der Epikureer

Acht *Flügelähnlichkeit*   7 8

Voller Energie, direkt beim Verfolgen des Ziels, hat
Freude am Konsumieren, liebt Vergnügungen, wird
wütend, wenn er herausgefordert wird

Schleichen Sie eher um den Pudding, planen und
manövrieren, manchmal unredlich, um das zu
bekommen, was Sie wollen, statt dafür zu kämpfen?   **J N**

Wenn jemand über etwas, was Sie getan haben,
wütend ist, reagieren Sie dann kämpferisch (auch
wenn dies ruhig und vernünftig erscheint)?   **N J**

Oder erklären Sie die Situation und entwaffnen
Ihren Kritiker?   **J N**

Neun *Mögliche Ähnlichkeit*   7 9

Liebt Vergnügungen, vermeidet Konflikte, läßt sich
ablenken, hat viele Interessen

Wissen Sie im allgemeinen, was Sie wollen?   **J N**

Interessieren Sie sich mehr für das, was andere
Menschen fühlen und wollen, und beschäftigen Sie
sich damit mehr als mit Ihren eigenen Absichten?   **N J**

Typ 8: Der Boß

Neun *Flügelähnlichkeit*   8 9

Dickköpfig, verschiebt eigene Prioritäten, sucht
Vergnügungen, verschiebt Wut, betäubt sich selbst

Haben Sie in der Regel einen klaren Standpunkt,
den Sie leicht verteidigen können?   **J N**

Tauchen Sie normalerweise unter oder vergessen
Ihre eigenen Wünsche, um die Harmonie aufrechtzuerhalten?   **N J**

Das Enneagramm
in der Kommunikation

Jeder Mensch hat die Erfahrung gemacht, daß Mißverständnisse in Beziehungen vorkommen. Manche Menschen begreifen unseren Standpunkt einfach nicht oder hören manchmal sogar nicht einmal, was wir sagen. Andere vertreten Auffassungen, die falsch sein müssen: Man kann sich nur schwer vorstellen, daß sie tatsächlich an das glauben, was sie sagen.

Wenn wir erst einmal begriffen haben, wie fundamental sich die Weltsicht der einzelnen Enneagramm-Typen unterscheiden kann, dann erkennen wir auch, daß eine Meinung oder ein Gefühl, das von unserem Standpunkt aus selbstverständlich ist, für einen anderen tatsächlich vollkommen verrückt erscheinen mag und umgekehrt. Es ist, als ob wir unterschiedliche Sprachen sprechen, und dies nicht bemerken. Die Worte sind die gleichen, und daher glauben wir, zu verstehen und verstanden zu werden, aber in Wahrheit sind wir davon weit entfernt.

Eine Ausnahme ist es, wenn wir mit einem Menschen unseres eigenen Enneagramm-Typs sprechen, und sogar dann gelingt es manchmal nicht, auch dann können wir immer nur einen Teil unserer Botschaft »rüberbringen«. Und Angehörige der anderen Typen hören die Worte, die wir wählen, einfach in einem anderen Zusammenhang. Aber nicht nur das – jeder Typ besitzt auch die für ihn typische Energie, eine eigene Körpersprache und seine eigene Art, auf Menschen zuzugehen.

Das Enneagramm ist kein Instrument, um Menschen an Menschen oder an Berufsbilder anzupassen. Es sagt nur voraus, daß zwei Menschen, die sich auf dem Diagramm an irgendeiner

Stelle begegnen, dann vielleicht diesen Teil von sich selbst und ihrem Verhalten besser verstehen werden. Im Leben jedoch lieben oder hassen sich Menschen, die dem gleichen oder scheinbar gegensätzlichen Enneagramm-Typen angehören. Und obwohl jeder Typ bestimmte Talente hat, kann es einen Arbeitgeber doch überraschen, welcher Typ die ihm gestellte Aufgabe gut bewältigt.

Krishnamurti hat richtig gesagt, daß Verständnis Mitgefühl erzeugt; es fördert auch kreative Beziehungen. Wenn wir verstanden werden und verstehen wollen, dann müssen wir in die Haut des anderen schlüpfen und das Leben so sehen, wie *er* es wahrnimmt. Indem wir die Sprache des anderen Typs lernen, auf ein Urteil über das, was sie sagen, oder wie sie sich geben, verzichten, entdecken wir Verständnis und können Beziehungen heilen.

Dieses Kapitel besteht einfach aus einer Reihe von Kommunikationsratschlägen für jeden Typ: Worauf man achten muß, wenn man dieser Typ ist oder mit einem Angehörigen dieses Typs spricht. In diesen Tips geht es um Alltagsinteraktionen und nicht um persönliches Wachstum als solches. Seien Sie flexibel in der Anwendung und stellen Sie sich auf einige Aha-Erlebnisse ein.

Zunächst einige generelle Richtlinien:

◇ Es handelt sich lediglich um Ratschläge und nicht um Regeln; wenn sie nicht funktionieren, dann lassen Sie sie fallen.

◇ Etikettieren Sie Menschen nicht und behandeln Sie sie nicht als Typ; sie sind sie selbst und nicht ein Typ.

◇ Wenn Sie meinen, ihren Typ zu kennen, dann probieren Sie ein paar dieser Ideen aus und stellen Sie fest, wie sie reagieren. Bedenken Sie, nicht jeder weist alle typischen Reaktionen auf.

◇ Stellen Sie vor allem Fragen – und akzeptieren Sie die Antwort, ob sie nun in Ihre Vorstellungen passen oder nicht.

✧ Nutzen Sie Kommunikation, um mehr über die einzelnen Enneagramm-Typen – auch über Ihren eigenen – und ihre Reaktionen herauszufinden.

Typ Eins: Der Perfektionist

Wenn Sie selbst Einser sind

✧ Wenn Sie hilfreich sein wollen, dann überlegen Sie sich genau, was wirklich funktioniert, bevor Sie Verbesserungen vorschlagen.

✧ Loben Sie andere, wenn diese etwas tun oder sagen, was Sie mögen; vielleicht wissen sie nicht, daß Sie es bemerkt haben.

✧ Hüten Sie sich vor Sarkasmus oder Zynismus, wenn Sie sich verletzt oder zu wenig respektiert fühlen.

✧ Sprechen Sie über Ihre Gefühle und über das, was Sie denken. Ihre logische Herangehensweise könnte auf andere gefühllos oder kritisierend wirken.

✧ Denken Sie daran, daß Sie auf andere zornig wirken, wenn Sie sich kontrollieren oder tadeln. Versuchen Sie also, über solche Gefühle zu reden.

✧ Wenn Sie jemanden mögen, dann sagen Sie ihm/ihr das auch. Ihr Hang zur Selbstkritik läßt Sie manchmal unnahbar erscheinen, und er/sie ist sich daher Ihrer Gefühle nicht sicher und bleibt auf Distanz, auch wenn er/sie Sie ebenfalls mag.

✧ Wenn andere Ihnen unglücklich oder unzufrieden erscheinen, dann denken Sie daran, daß dies wahrscheinlich nichts mit Ihnen zu tun hat und daß Sie nicht dafür verantwortlich sind, hören Sie sich einfach ihre Sorgen an.

Wenn Sie mit Einsern zu tun haben

✧ Denken Sie daran, daß sie sich ihrer Gefühle vielleicht nicht bewußt sind. Stellen Sie daher Fragen, ohne zu kritisieren, und helfen Sie ihnen auf diesem Weg, einen Zugang zu ihren Gefühlen zu finden.

◇ Nehmen Sie ihre zornige Energie nicht persönlich; sie hat vielleicht mit etwas ganz anderem zu tun, wovon auch sie selbst möglicherweise nicht wissen, was es ist.

◇ Legen Sie Ihren Standpunkt eher nach logischen als nach emotionalen Gesichtspunkten dar. Einser können eine neue Idee eher in Betracht ziehen, wenn sie logisch erscheint.

◇ Seien Sie direkt; sie reagieren sensibel auf Manipulation und sind ihr sehr abgeneigt.

◇ Teilen Sie ihnen mit, wenn Sie bemerken, daß etwas nicht stimmt, und entschuldigen Sie sich für Ihre Fehler und Kritik. Es wirkt beruhigend auf Einser, wenn sie nicht die einzigen sind.

◇ Wenn sie nicht zuhören, dann schlagen Sie ihnen vor, Ihnen zu erzählen, was sie denken.

◇ Ermutigen Sie sie, auch die heitere Seite des Lebens zu sehen.

Typ Zwei: Der Geber

Wenn Sie selbst Zweier sind

◇ Denken Sie daran, Ihren Mitmenschen von sich zu erzählen und sie aufzufordern, auch von sich zu berichten.

◇ Versuchen Sie, im Gespräch Sie selbst zu sein und nicht nur die anderen zufriedenstellen zu wollen.

◇ Wenn Sie das Gefühl haben, daß Ihre Gegenwart als selbstverständlich aufgefaßt wird oder Sie sich ungerecht behandelt fühlen, dann sagen Sie dies ruhig so bald wie möglich.

◇ Bitten Sie um das, was Sie brauchen, statt anderen vorzuwerfen, daß sie es Ihnen nicht geben, nicht jeder besitzt Ihre Intuition für die Bedürfnisse der Menschen.

◇ Vermeiden Sie es, als versteckte Bitte um ein Feedback Aussagen über die Person zu machen, mit der Sie zusammen sind; fragen Sie gerade heraus.

◇ Gestatten Sie anderen, Ihre Hilfsangebote abzulehnen, ohne sich deshalb abgewiesen zu fühlen oder statt dessen etwas anderes anzubieten.

◇ Geben Sie Ihren Mitmenschen genug Raum, um ihre Probleme selbst zu lösen.

Wenn Sie mit Zweiern zu tun haben

◇ Sagen Sie ihnen, daß Sie dankbar sind für das, was sie für Sie tun.

◇ Machen Sie ihnen klar, daß sie nicht einem bestimmten Bild entsprechen oder Ihnen helfen müssen, damit Sie sie mögen.

◇ Wenn Sie sie irgendwie zurückweisen, dann erklären Sie ihnen warum. Schildern Sie, wie es Ihnen dabei geht, damit sie erkennen können, daß sie Ihnen am besten helfen, wenn sie Ihnen nicht helfen.

◇ Wenn Sie etwas für sie tun wollen, dann sagen Sie ihnen, daß Sie dies gerne tun.

◇ Fordern Sie sie dazu auf, etwas von sich zu berichten; ihre Tendenz wird es sein, sich nur auf Sie zu konzentrieren.

◇ Fragen Sie sie danach, was sie empfinden und was sie im Augenblick brauchen; vor allem, wenn sie emotional, abwesend oder in Hektik zu sein scheinen.

◇ Seien Sie nicht frustriert, wenn sie nicht wissen, was sie fühlen oder das Gespräch auf Sie zurückbringen; machen Sie einfach deutlich, daß Sie sich für sie interessieren.

◇ Seien Sie aufrichtig und direkt; Zweier reagieren sehr sensibel auf Manipulationen und Unaufrichtigkeit, und sie werden Sie ausschließen, wenn sie auch nur eines der beiden vermuten.

◇ Lassen Sie sie am Arbeitsplatz oder bei einem Projekt nicht allen arbeiten; achten Sie darauf, daß die Kommunikation gewährleistet ist.

Typ Drei: Der Dynamiker

Wenn Sie selbst Dreier sind

✧ Denken Sie daran, viele Ihrer Mitmenschen sind einfach nicht so ehrgeizig wie Sie. Geben Sie sich Mühe, ihnen zuzuhören und ihre guten Argumente anzuerkennen.

✧ Achten Sie darauf, ob Sie andere überrollen. Teilen Sie ihnen mit, was Sie fühlen, und bedenken Sie gut, was sie Ihnen zu sagen haben.

✧ Denken Sie daran, daß Sie sich visuell leicht ablenken lassen; setzen Sie sich also bei wichtigen Gesprächen so, daß es nicht passieren kann.

✧ Teilen Sie den Menschen mit, was Sie wirklich fühlen. Wahrscheinlich können Sie sie dann mehr – und nicht weniger – leiden als zuvor.

✧ Sagen Sie den Menschen bei der Arbeit und privat, daß Sie zu schätzen wissen, was sie leisten.

✧ Nehmen Sie sich Zeit, um dem zuzuhören, was Menschen, vor allem die, die Sie lieben, über ihre Gefühle zu sagen haben.

✧ Wenn Sie sich dabei ertappen, daß Sie eine schnelle Antwort oder Lösung parat haben, halten Sie inne, überprüfen Sie Ihre Gefühle und teilen Sie sie mit.

Wenn Sie mit Dreiern zu tun haben

✧ Kritik verleitet sie nur dazu, ihre Rolle noch besser zu spielen.

✧ Wenn Sie wollen, daß sie sich oder das, was sie tun, verändern, dann zeigen Sie ihnen, auf welche Weise Veränderungen ihnen dabei helfen kann, bessere Resultate zu erzielen.

✧ Denken Sie daran: Wenn Sie auf einen strittigen Punkt ausführlich eingehen, dann schalten sie einfach ab.

✧ Passen Sie sich ihrem Energieniveau an, wenn Sie eine positive Verbindung aufbauen wollen. Erst wenn Sie eine gemeinsame Ebene erreicht haben, können Sie die Geschwindigkeit etwas ändern.

◇ Wenn Sie sich von Dreiern manipuliert fühlen oder wie mit einer Dampfwalze überfahren, dann teilen Sie ihnen mit, wie sich das für Sie anfühlt. Möglicherweise wissen sie tatsächlich nicht, daß sie es tun, denn sie sind nicht darauf aus, andere Menschen zu verletzen.

◇ Nehmen Sie es nicht persönlich, wenn sie sich ablenken lassen oder schnell zum nächsten Punkt übergehen; bitten Sie sie, ein wenig langsamer zu machen, und erklären Sie ihnen warum.

◇ Sagen Sie es ihnen, wenn Sie sie mögen und ihre Gesellschaft genießen; es fällt ihnen schwer, daran zu glauben, daß jemand sie um ihrer Selbst willen schätzen könnte.

Typ Vier: Der Romantiker

Wenn Sie selbst Vierer sind

◇ Denken Sie daran, die meisten Menschen sind nicht derart auf Gefühle konzentriert wie Sie.

◇ Teilen Sie den Menschen mit, was Sie fühlen, statt darauf zu warten, daß sie es erraten, um damit ihr Einfühlungsvermögen zu beweisen.

◇ Vermeiden Sie es, in Diskussionen zum Opfer Ihrer emotionalen Reaktionen zu werden.

◇ Versuchen Sie, im Hier und Jetzt zu bleiben.

◇ Wenn nötig, sagen Sie den Menschen, daß Sie möglicherweise überemotional oder abgelenkt wirken, und bitten Sie sie um ihre Unterstützung dabei, geerdet zu bleiben.

◇ Wenn Sie das Gefühl haben, daß Sie sich zu sehr an Ihren Gefühlen festklammern, dann fordern Sie Ihre Mitmenschen dazu auf, Sie beim Abladen zu unterstützen.

◇ Hüten Sie sich davor, sarkastisch zu werden, wenn Sie sich unterlegen oder hereingelegt fühlen. Sagen Sie den Leuten statt dessen, wie Sie sich fühlen, und fragen Sie sie, wie sie die Situation beurteilen.

Wenn Sie mit Vierern zu tun haben

✧ Stimmen Sie Ihre Intensität mit ihnen ab, damit sie das Gefühl haben, daß Sie für sie da sind. Wenn sie das Gefühl haben, daß Sie sie verstehen, dann können Sie die Geschwindigkeit ändern, um sich ebenfalls wohl zu fühlen.

✧ Seien Sie direkt, wenn Sie sie um Hilfe bitten; sie wirken möglicherweise selbstversunken, sind jedoch froh, wenn sie helfen dürfen.

✧ Teilen Sie ihnen Ihre Reaktion in Form von Gefühlen und Gedanken mit.

✧ Denken Sie daran, daß ihre Gefühle echt sind, auch wenn sie Ihnen übertrieben erscheinen, und versuchen Sie nicht, sie ihnen auszureden.

✧ Erkennen Sie ihre Gefühle an, selbst in einer verstandesorientierten Diskussion.

✧ Fragen Sie sie nach ihren Gefühlen, wenn Sie meinen, daß sie sich einer ihrer »Launen« hingeben.

✧ Machen Sie ihnen Komplimente, vor allem für ihre Kreativität, weniger für die Resultate, die sie erzielen.

✧ Hören Sie sich ihre Intuition an; sie könnten durchaus Dinge sehen, die Sie nicht wahrnehmen.

✧ Denken Sie daran, sie besitzen nur wenig Selbstwertgefühl, auch wenn dies nicht offensichtlich ist; zeigen Sie ihnen also, daß Sie sie mögen und zu schätzen wissen.

Typ Fünf: Der Beobachter

Wenn Sie selbst Fünfer sind

⋄ Je mehr Sie sich zurückziehen, desto mehr provozieren Sie vielleicht gerade das, was Sie nicht wollen. Wenn es Ihnen möglich ist, dann sagen Sie den Menschen, was Sie fühlen, auch wenn Ihre Aussage nur darin besteht, daß Sie mehr Platz brauchen.

⋄ Lassen Sie die anderen wissen, daß Sie Zeit für sich alleine brauchen, um eine Sache zu durchdenken, und daß ihre Anwesenheit nur Ihren Denkprozeß unterbricht.

⋄ Teilen Sie Ihren Freunden mit, daß Sie nicht ohne Gefühle sind, sondern daß Sie lediglich Schwierigkeiten damit haben, sie im richtigen Augenblick zum Ausdruck zu bringen.

⋄ Bieten Sie einen festen Zeitpunkt für eine Diskussion an, damit die Leute sich nicht abgespeist fühlen.

⋄ Sprechen Sie aus, daß es Ihnen schwerfällt, Ihren Platz zu behaupten.

⋄ Wenn Sie das Gefühl haben, daß andere Anforderungen an Sie stellen, dann teilen Sie ihnen mit, wie sie auf Sie wirken; vielleicht meinen sie es nicht so.

⋄ Versuchen Sie auf die Gefühle der Menschen ebenso zu reagieren wie auf ihre Worte, damit sie sich nicht zurückgewiesen oder weggeschickt fühlen.

Wenn Sie mit Fünfern zu tun haben

⋄ Seien Sie auf der Hut, sie reagieren sehr sensibel auf nonverbale Signale und ziehen sich zurück, wenn Sie uninteressiert oder bedrohlich erscheinen.

⋄ Nehmen Sie es nicht persönlich, wenn sie sich zurückziehen; denken Sie daran, sie haben Schwierigkeiten damit, sich selbst auszudrücken.

⋄ Respektieren Sie ihre Grenzen; klammern Sie nicht und erscheinen Sie nicht abhängig.

- ✧ Sagen Sie ihnen es rechtzeitig vorher, wenn Sie mit ihnen sprechen müssen.
- ✧ Lassen Sie ihnen genug Zeit für sich allein, damit sie ihre Entscheidungen treffen können.
- ✧ Übertreiben Sie es nicht mit dem Lob: Wenn Sie sie in Ruhe lassen, um mit ihren Angelegenheiten voranzukommen, dann beweist ihnen dies Ihr Vertrauen in ihre Fähigkeiten.
- ✧ Schweigen ist keine Zurückweisung – wenn sie da sind, dann sind sie es freiwillig; ein Lächeln könnte eine Kontaktaufnahme sein.
- ✧ Seien Sie direkt und sachlich; teilen Sie Ihre Gefühle in einer gemäßigten Form mit.
- ✧ Wenn Sie um etwas bitten, achten Sie darauf, daß es sich auch wirklich wie eine Bitte und nicht wie eine Forderung anhört.
- ✧ Denken Sie daran: Wenn sie arrogant, abwesend oder ärgerlich erscheinen, dann kann es sein, daß sie sich nur unwohl fühlen.

Typ Sechs: Der Advokat des Teufels

Wenn Sie selbst Sechser sind

- ✧ Wenn Sie Zweifel haben, dann überprüfen Sie die Realität, indem Sie Freunde fragen, was sie denken.
- ✧ Denken Sie daran, daß Sie einen Hang zur Projektion haben: Wenn Sie sicher sind, daß etwas Negatives vor sich geht, dann fragen Sie sich, auf Grund welcher Hinweise Sie reagieren (»Ist es etwas in mir?«), und fragen Sie andere, was sie denken und fühlen.
- ✧ Andere verstehen die Botschaft hinter Ihren Handlungen vielleicht nicht. Denken Sie daran, ihnen auch zu sagen, was Sie fühlen, und sie nicht nur durch Ihr Handeln zu unterstützen.
- ✧ Denken Sie daran, daß manche Menschen tatsächlich regelmäßigen Kontakt als Beweis für Ihre Zuverlässigkeit und Freundschaft brauchen.

✧ Ihre Zweifel könnten als Unzuverlässigkeit interpretiert werden, da Sie so oft zunächst eine Sache denken und dann Ihre Meinung ändern. Machen Sie den anderen klar, daß Sie selbst dann zum Schwanken neigen, wenn Sie sich einer Sache verschrieben haben, daß Sie aber einmal eingegangene Verpflichtungen auch einhalten.

✧ Wenn Sie sich dabei ertappen, daß Sie ein Gespräch dominieren, dann fragen Sie sich, was Sie fühlen und reden Sie darüber.

Wenn Sie mit Sechsern zu tun haben

✧ Denken Sie daran, daß es ihnen schwerfällt, Vertrauen aufzubringen – ihre Art ist es, alles in Zweifel zu ziehen. Nehmen Sie es also nicht persönlich, wenn sie Ihren Komplimenten oder Ihrem Lob mißtrauen.

✧ Hören Sie zu und teilen Sie Ihr Verständnis mit, sonst können sie Ihnen nicht vertrauen.

✧ Seien Sie genau und sachlich, wenn Sie etwas zu sagen haben. Denken Sie daran, daß Sechser dazu neigen, verborgene Motive und Bedeutungen zu projizieren.

✧ Versichern Sie ihnen auf unsentimentale Weise, daß Sie sie lieben oder mögen; Handeln wirkt bei ihnen besser als Reden.

✧ Seien Sie konsequent – Beständigkeit und die Überweisung von Worten und Taten erzeugen Vertrauen.

✧ Ermuntern Sie sie dazu, ihre Realität zu überprüfen, unterstützen Sie sie dabei, nicht in ihre Phantasien (Projektionen) abzutauchen. Helfen Sie ihnen, geerdet zu bleiben, indem Sie Fragen stellen wie: »Quält dich irgend etwas?« »Was denkst du über diese Situation?«

✧ Kritisieren Sie nicht ihre Ängste und urteilen Sie nicht über sie.

✧ Seien Sie humorvoll, ermuntern Sie sie dazu, zu lachen und die gute Seite zu sehen.

Typ Sieben: Der Epikureer

Wenn Sie selbst Siebener sind

⬦ Hören Sie sich an, was die Leute zu sagen haben. Ihre Meinungen und Gefühle können ebenso zutreffend und wichtig sein wie die Ihren.

⬦ Wenn Ihnen jemand seine Probleme schildert, fragen Sie ihn, ob er Ihren Rat oder Ihre Hilfe möchte. Sagen Sie ihm nicht ungebeten, was er tun soll.

⬦ Lassen Sie die Leute wissen, daß selbst angedeutete Kritik Sie wütend macht, und warnen Sie sie, es nicht persönlich zu nehmen.

⬦ Sagen Sie Freunden, daß es Ihnen schwerfällt, über Ihre Gefühle zu sprechen, und was Ihnen auf der emotionalen Ebene wichtig ist.

⬦ Denken Sie daran: Sie stellen sich Dinge so genau vor, daß Sie leicht glauben könnten, sich mitgeteilt zu haben, auch wenn dies in Wahrheit noch gar nicht geschehen ist. Überprüfen Sie es!

⬦ Wenn Sie eine hervorragende Idee haben, um etwas zu verbessern, oder wenn Sie Bedingungen verändern, dann teilen Sie dies den betroffenen Personen mit, bevor Sie handeln, damit sie eine Chance haben mitzumachen und sich nicht übergangen fühlen.

⬦ Wenn Sie daheim oder bei der Arbeit eine Aufgabe an eine andere Person delegiert und eine Idee haben, wie man es noch besser machen könnte, dann preschen Sie nicht vor und tun es selbst, sondern erzählen der Person von Ihrem Verbesserungsvorschlag.

Wenn Sie mit Siebenern zu tun haben

⬦ Denken Sie daran, sie neigen dazu, geistig abwesend zu sein; halten Sie sie im Hier und Jetzt fest, indem Sie Fragen stellen, auch bezüglich ihrer Gefühle.

- ❖ Führen Sie mit ihnen ein fröhliches Gespräch; nehmen Sie teil an ihrer Freude.
- ❖ Hören Sie sich ihre großartigen Visionen an und würdigen Sie sie. Denken Sie daran, daß sie auf diese Weise einen Teil ihres Selbst mit Ihnen teilen; bemühen sie sich, ihre Ideen nicht zu entwerten.
- ❖ Wenn Sie einen Vorschlag machen, der ihre Pläne beeinträchtigen könnte, dann rechnen Sie mit anfänglichem Widerstand und geben Sie ihnen Zeit, Ihren Vorschlag in sich aufzunehmen.
- ❖ Kritisieren Sie nicht und geben Sie keine Anweisungen. Machen Sie Vorschläge mit denen kurz- oder langfristig Gewinn zu erzielen ist.
- ❖ Wenn Sie es für notwendig erachten, ihnen zu helfen, dann seien Sie auf Ausflüchte oder schmerzhafte Gefühle vorbereitet. Bleiben Sie absolut unerschütterlich, beweisen Sie Durchhaltevermögen und nehmen Sie es nicht persönlich, wenn sie versuchen, Ihnen die Schuld in die Schuhe zu schieben; führen Sie sie einfach zum eigentlichen Thema zurück.

Typ Acht: Der Boß

Wenn Sie selbst Achter sind

- ❖ Denken Sie daran, daß eine erhobene Stimme andere Menschen oft dazu veranlaßt, nicht mehr zuzuhören, und daß Sie lauter sein könnten, als Sie annehmen.
- ❖ Wenn Sie das Gefühl haben, daß man Ihnen nicht zuhört, dann beschränken Sie sich nicht darauf, das Gesagte lauter zu wiederholen. Um Klarheit in die Diskussionen zu bringen, bitten Sie Ihr Gegenüber Ihnen zu sagen, wie er Sie verstanden hat.
- ❖ Erklären Sie Ihre Mitmenschen, daß Sie nicht so viele Fragen stellen, um ihnen lästig zu fallen, sondern um sie zu verstehen.

✧ Hören Sie anderen Menschen sorgfältig zu und überdenken Sie ihren Standpunkt, bevor Sie antworten.

✧ Denken Sie daran, daß andere Menschen vielleicht nicht fähig sind, so unmittelbar zu reagieren wie Sie. Es kann manchmal nützlicher sein, den anderen Zeit zum Nachdenken zu geben, als darauf zu bestehen, daß das Problem *auf der Stelle* geklärt werden muß.

✧ Wenn Sie sich durch einen anderen Menschen in Ihren Gefühlen verletzt fühlen, dann sagen Sie ihm das sofort. Möglicherweise weiß er nicht, daß man Sie verletzen kann.

✧ Achten Sie auf Ihre Neigung, verletzende Dinge ohne Hintergrund zu sagen; geschieht es doch, dann entschuldigen Sie sich, sobald Sie es bemerken.

Wenn Sie mit Achtern zu tun haben

✧ Sagen Sie Ihre Meinung, bitten Sie direkt um das, was Sie wollen, verbergen oder vermeiden Sie keine Themen; Achter reagieren auf alles negativ, was nach Manipulation riecht.

✧ Wenn Sie sagen, daß Sie etwas tun werden, dann tun Sie es.

✧ Lassen Sie sie in einer Diskussion wissen, daß Sie ihren Standpunkt genau verstehen; erst dann werden sie fähig sein, Ihnen richtig zuzuhören.

✧ Denken Sie daran: Was sich für Sie wie eine Auseinandersetzung oder ein Angriff anfühlt, ist für sie vielleicht nur ein Weg, um sich angenehm und mit einem sicheren Gefühl auf Sie einzulassen. Sagen Sie ihnen, daß Ihnen das zu intensiv ist oder daß Sie sich bedroht fühlen.

✧ Wenn es für Sie irgendwelche unausgesprochenen Regeln gibt, wie Sie eine Beziehung führen, dann sprechen Sie diese aus und seien Sie bereit, sie zu diskutieren.

✧ Teilen Sie ihnen mit, wenn sie Ihre Gefühle verletzt haben; möglicherweise haben sie es nicht absichtlich getan.

✧ Necken Sie sie nicht; sie fallen schnell auf einen Scherz herein und verzeihen es nur schwer, wenn man sie lächerlich macht.

◇ Lügen Sie nicht, wenn Sie nicht angegriffen oder abgeschrieben werden möchten.

Typ Neun: Der Vermittler

Wenn Sie selbst Neuner sind

◇ Denken Sie daran, daß andere Ihr Schweigen als Zurückweisung interpretieren könnten, wenn Sie selbst nicht wissen, was Sie fühlen oder wollen. Sagen Sie ihnen also, was in Ihnen vorgeht.

◇ Versuchen Sie herauszufinden, ob Ihr Schweigen passiver Widerstand ist; trifft dies zu, dann teilen Sie den anderen mit, wo Sie stehen.

◇ Wenn Sie Wut spüren, dann sagen Sie es; denn oft wirken Sie nicht wütend, sondern zustimmend.

◇ Wenn andere Sie fragen, ob Sie wütend sind, dann denken Sie darüber nach, statt es einfach von sich zu weisen.

◇ Sobald Sie meinen, daß man Ihnen nicht zuhört, dann sagen Sie das, statt Ihre Monologe noch weiter in die Länge zu ziehen.

◇ Bleiben Sie so weit wie möglich bei der Sache.

◇ Stellt man Ihnen eine Frage, dann finden Sie heraus, was die Person wirklich wissen will, damit Sie eine möglichst konzentrierte Antwort geben können.

Wenn Sie mit Neunern zu tun haben

◇ Hören Sie zu und versichern Sie ihnen, daß Sie gehört haben, was ihnen wichtig ist.

◇ Schenken Sie ihnen Anerkennung; sie fühlen sich oft übersehen oder überhört.

◇ Denken Sie daran: Wenn Neuner verschmelzen, dann erscheinen sie Ihnen vielleicht sehr präsent, in Wahrheit aber spiegeln sie nur Sie selbst zurück. Stellen Sie also Fragen, um herauszufinden, was sie wirklich denken.

◇ Seien Sie sich bewußt, daß sie sehr zerstreut sein können; stellen Sie Fragen, um ihnen zu Konzentration zu verhelfen.

◇ Wenn Sie herausfinden wollen, was sie denken oder fühlen, dann drängen Sie sie nicht zu antworten, in dem sie nachdenken und entscheiden können: »Könnte es das sein, was du meinst? Könnte es das sein, was du fühlst? Ich weiß es nicht, und es würde mich interessieren.«

◇ Denken Sie daran, daß sie in Konferenzen jedem Sprecher, der gerade an der Reihe ist, zustimmen werden; bitten Sie sie also vor der Konferenz, Ihnen ihre dann überdachte Meinung erst im Anschluß mitzuteilen.

Wie Sie weiter vorgehen können

Wie tiefgreifend Sie sich mit dem Enneagramm befassen, ist allein Ihre persönliche Entscheidung. Was auch immer sich für Sie richtig anfühlt, *ist* für Sie richtig. Wenn Sie ernsthaft an Ihrem persönlichen Wachstum interessiert und bereit sind, sich gleichermaßen auf die unangenehmen wie die angenehmen Seiten der Selbsterforschung einzulassen, dann werden die tiefen Wahrheiten, die Sie entdecken, Ihnen ein Leben lang Führer sein und Ihnen helfen, Ihren derzeitigen Stand und Ihren nächsten Schritt zu erkennen.

Was nicht getan werden sollte

Das Enneagramm kann, wie jedes typisierende Persönlichkeitssystem, trivialisiert und mißbraucht werden. Dies ist nicht zu vermeiden. Sie sollten jedoch zumindest versuchen, achtsam mit den Lehren umzugehen. Wenn Sie sich also dazu entschließen, sich nicht weiter mit dem Enneagramm zu befassen, so hoffe ich, daß Sie dennoch die folgende Liste der Dinge, die Sie nicht tun sollten, lesen werden. Manche der genannten Punkte werden möglicherweise für Sie keine Gültigkeit haben, doch für andere Menschen kann dies durchaus der Fall sein, und ich versichere Ihnen, mindestens einer der Punkte wird an irgendeiner Stelle Ihres Lebens zum Vorschein kommen.

✧ Veranstalten Sie kein Gesellschaftsspiel daraus, in dem Sätze wie: »Oh, sie muß ein Vierer sein; sieh dir doch ihre Haare an!« eine Rolle spielen.

✧ Glauben Sie nicht, anderen Menschen ihren Enneagramm-

Typ mitteilen zu müssen. Dies ist nicht nur unhöflich, es kann auch irreführend sein und Qualen verursachen, wenn die betreffende Person nichts davon wissen will oder wenn Sie ihr einen Typ zuordnen, den sie als »schlecht« empfindet.

⬦ Vermeiden Sie es, Menschen als Stereotypen zu sehen: »Er ist ein Achter, er muß aggressiv sein«, oder: »Sie ist ein Zweier, man sieht es daran, wie sehr sie andere manipuliert« und so fort.

⬦ Sie sollten nicht versuchen, Menschen zu dominieren oder mit Ihrem überlegenen Wissen von dem, wie andere sind oder was sich wirklich in ihrem Leben abspielt, den Guru zu spielen.

⬦ Dafür zu sorgen, daß Ihre Mitmenschen sich schlecht fühlen, wegen des Typs, den Sie für sie bestimmt haben: Alle Typen sich gleichermaßen schlecht oder gut, und das Enneagramm befaßt sich mit unserem höchsten Potential und nicht mit gelegentlichen Verirrungen.

⬦ Hüten Sie sich vor der Versuchung, Ihre Typzugehörigkeit als Entschuldigung für Ihr Verhalten zu mißbrauchen (»Ich bin ein Siebener, ich kann nichts dafür, daß ich Termine manchmal doppelt vergebe«). Sobald Sie Ihren Typ kennen, werden die Entschuldigungen für Ihre weniger liebenswerten Eigenschaften geringer und nicht mehr.

Ich möchte Sie auch dazu auffordern, diejenigen, auch Enneagramm-Lehrer, die einer dieser Versuchungen nachgeben, darauf hinzuweisen.

Was man tun kann

Das Enneagramm ist kein Allheilmittel, auch wenn es bereits Veränderungen in Ihrem Alltag bewirken kann, wenn Sie nur die Grundlagen kennen und verstanden haben. Auch bedarf es keines allwissenden Lehrers, der Ihnen dabei hilft, Ihr Wissen in die Tat umzusetzen, auch wenn Unterstützung mitunter sehr wichtig ist. Das Enneagramm lädt Sie dazu ein, die Verantwortung für Ihr Leben selbst zu übernehmen und zu der Einstellung zu finden: »Jetzt weiß ich diese Dinge über mich, und deshalb beginne ich, mich selbst und meine Beziehungen zu heilen.« In der Sufi-Tradition wird das Enneagramm als gottgegebenes System begriffen, welches es uns ermöglicht, »moralische Heilung« durch die Arbeit an uns selbst zu erreichen.

Es ist wertvoll, wie auch immer Sie es benutzen. Ob Sie damit jeden Tag nur ein wenig glücklicher und als wertvolle Erfahrung erleben oder ob Sie das endgültige Ziel anstreben (nicht nur daran glauben, sondern auch erleben) wollen, daß wir alle wirklich eins sind, auch wenn uns unsere Persönlichkeiten voneinander zu trennen scheinen.

Im Gedanken daran und an die Tatsache, daß dieses Buch lediglich eine Einführung ist, mache ich die folgenden Vorschläge. Sie sind so etwa in der Reihenfolge zunehmender Intensität geordnet, doch ist es ganz Ihnen überlassen, unter ihnen auszuwählen, und sie dann zum Einsatz zu bringen, wenn es Ihnen richtig erscheint. Auf welcher Ebene Sie Enneagramm-Arbeit auch betreiben wollen, es gibt zwei Richtlinien, die immer gültig sind:

Freunden Sie sich mit Ihrer Persönlichkeit an

Das Ziel der Enneagramm-Arbeit ist es nicht, die eigene Persönlichkeit zu überwinden, sondern sich mit ihr anzufreunden und ihre Spitzfindigkeiten als Weckruf zu begreifen. Wenn Sie bemerken, daß Sie in einem Verhaltensmuster gefangen sind oder kurz davor stehen, dann dürfen Sie sich dies nicht verbieten wollen. Denn je mehr Sie dagegen ankämpfen, desto stärker werden die Fixierungen. Fragen Sie sich selbst, was Sie veranlaßt hat, was Sie dagegen tun und was Sie daraus lernen könnten.

Selbstvergebung

Wenn Sie sich selbst bei Ihren Handlungen beobachten, wie

»falsch« auch immer sie manchmal sein mögen, vergeben Sie sich, haben Sie Mitgefühl mit Ihrer Persönlichkeit. Versuchen Sie, Ihren Enneagramm-Typ nicht zu bewerten. Setzen Sie sich selbst im Hinblick auf Ihr Verhalten oder in spiritueller Hinsicht keine unerreichbaren Ziele. Schon das Erkennen des für Sie typischen Verhaltensmusters wird dazu führen, daß Sie loslassen.

Vorschläge

Grundbewußtsein

Folgen Sie den Hinweisen in dem Kapitel über Ihren Enneagramm-Typ. Vielleicht hilft es Ihnen, wenn Sie sie kopieren und leicht zugänglich aufbewahren; sehen Sie sie sich von Zeit zu Zeit an.

Selbstbeobachtung

Üben Sie sich in Selbstbeobachtung, oder wie Gurjieff es nannte, in Selbsterinnerung. Sie könnten mehrmals am Tag innehalten, um zu überprüfen, was Sie tun, denken und fühlen, oder aber den Tag planen und am Abend Rückschau halten. Am einfachsten ist es, wenn Sie sich selbst dabei »erwischen«, wie Sie etwas automatisch oder rückwirkend tun. Gehen Sie davon aus, daß Sie es zunächst nach, dann während und schließlich vor dem eigentlichen Ereignis bemerken. Sie werden rasch vorankommen.

Lernen durch die mündliche Tradition

Wenn es Ihnen möglich ist, dann nehmen Sie an Versammlungen teil, die der mündlichen Tradition folgen. Dies ist die beste Methode, um etwas über die Typen zu lernen. Sie erfahren nicht nur etwas über die vielen Unterschiede zwischen Menschen, die dem gleichen Typ angehören, oder über ihre Gemeinsamkeiten, sondern durch den Kontrast und die Beschreibung dessen, wie Sie selbst Ihren Typ manifestieren, auch über sich selbst.

Freunde

Es ist sehr hilfreich, wenn man Freunde hat, die sich ebenfalls mit dem Enneagramm befassen. Mit ihnen kann man diskutieren, was man über den eigenen und über ihren Typ lernt, die Interaktion der Typen in der Praxis erfahren und (dies kann zugleich amüsant und klärend sein) freundschaftlich Feedback geben und annehmen. – »Du bist wieder auf einem Siebener-Trip.« »Oh, tatsächlich, du hast recht.«

Bauchorientierte Meditation

Besuchen Sie einen Kurs zur Atemmeditation, zum Beispiel im Bereich des Zen oder Vipassana-Yoga. Dies ist eine grundlegende Übung, die Sie darin unterstützt, den neutralen Boden Ihres Selbst in Ihrem Inneren zu finden. Sie stärkt den inneren Beobachter und kann eine Vorbereitung für mögliche fortführende Praktiken sein. Wenn Sie das Gefühl haben, daß dies an diesem Punkt in Ihrem Leben zu schwer für Sie ist, weil es starke Gefühle in Ihnen auslöst, dann warten Sie ab, bis Sie dafür bereit sind.

Körperarbeit, andere Zentrierungspraktiken, Therapie

Diese drei Punkte können ebenfalls das psychische und spirituelle Wachstum unterstützen. Eine ausführliche Darlegung würde jedoch den Rahmen dieses Buches sprengen.

Direkte spirituelle Arbeit

Sie beruht auf drei Hauptbereichen, die alle gleichermaßen wichtig sind. Erstens auf Ihrer persönlichen Beziehung zum Göttlichen; zweitens auf Ihrer Arbeit mit Ihrem spirituellen Führer oder Lehrer; drittens auf Workshops und Retreats, die sich speziell mit dem Enneagramm in einem spirituellen Zusammenhang befassen.

Denken Sie daran, daß persönliches Wachstum wie das Erklimmen einer steilen Treppe kein Spaziergang ist und daß es ein schmerzhafter Prozeß sein kann, sich selbst ins Auge zu blicken. Die Persönlichkeit hat gute Gründe, sich nicht verändern zu wollen – schließlich haben Sie ja bis jetzt gut überlebt, nicht wahr?

Jeder Mensch erlebt Zeiten, in denen er keine Fortschritte zu machen scheint, rückfällig wird oder den schmerzhaften Blick auf das eigene Selbst nicht mehr ertragen kann. *Dies sind vorübergehende Hindernisse.* Wenn Sie solche Zeiten erleben, dann denken Sie an Ihr höchstes Potential, an Ihr Ziel (auch wenn es sich jetzt ganz unrealistisch anfühlt). Beißen Sie die Zähne zusammen, weinen oder wüten Sie, aber bleiben Sie dabei, die Wahrheit zu sagen. Am Ende eines jeden Tunnels ist Licht, und die Nacht ist immer vor der Dämmerung am dunkelsten.

Zum Schluß möchte ich Ihnen noch eine alte Geschichte mit auf den Weg geben:

Als die Götter den Menschen erschufen, da erschufen sie auch einen Schlüssel für die Himmelspforte. Doch dann entschieden sie, daß sie nicht wollten, daß der Mensch ihn in die Hände bekam. Sie debattierten tagelang darüber, wo sie ihn verstecken sollten. Der eine schlug das Meer vor, ein anderer das Innere eines Berges, ein dritter den Mittelpunkt der Sonne. All diese Vorschläge waren nutzlos, weil sie genau wußten, daß der Mensch früher oder später die Fähigkeiten entwickeln würde, um diese Orte zu erreichen. Schließlich sagte der weiseste der Götter: »Laßt ihn uns im Herzen des Menschen verstecken. Dort wird er niemals suchen.«

Das taten sie, und dort ist er bis zum heutigen Tag. Suchen Sie also weiter: Der Schatz ist da.

Literaturhinweise

Seit 1989 wurde in Deutschland eine ganze Anzahl an Büchern zum Enneagramm veröffentlicht. Es gibt allgemeine Einführungen, aber auch viele Bücher, die sich mit der Lehre des Enneagramms unter einem bestimmten Aspekt beschäftigen. Wir haben hier aufgelistet, welche Titel zur Zeit auf dem deutschen Buchmarkt erhältlich sind:

Baron, Renee/Wagele, Elizabeth: Bin ich dein Typ – bist du meiner? Wie das Ennegramm Beziehungen einfacher macht. Herder 1997.

Baron, Renee/Wagele, Elizabeth: Das Enneagramm leichtgemacht. Entdecken Sie das System der 9 Archetypen. Droemer Knaur 1996.

Bauer Ingrid/Bauer, Kurt: Enneagramm. Stufen zur Vollkommenheit. Urania 1995.

Bessing, Maria/Nogosek, Robert J./O'Leary, Patrick H.: Das wahre Selbst entdecken. Eine spirituelle Einführung in das Enneagramm. Herder 1995.

Blake, Anthony G.: Das intelligente Enneagramm. Gurdjieffs Instrument der Wahrnehmung. Martin 1993.

Böschemeyer, Uwe: Vom Typ zum Original. Die neun Gesichter der Seele und das eigene Gesicht. Ein Praxisbuch zum Enneagramm. Schwarzwald 1994.

Ebert, Andreas/Rohr, Richard u. a.: Erfahrungen mit dem Enneagramm. Sich selbst und Gott begegnen. Claudius 1995.

Frings Keyes, Margaret: Enneagramm und Partnerschaft. Ein Arbeitsbuch für Einzelne, Paare und Gruppen. Claudius 1994.

Gallen, Maria A./Neidhardt, Hans: Das Enneagramm unserer Beziehungen. Verwicklungen, Wechselwirkungen und Entwicklungen. Rowohlt 1994.

Hauser, Renate: Neunmal klug statt einsam ratlos. Das Enneagramm als Schlüssel zum Erfolg in Partnerschaften und Beruf. Metropolitan 1995.

Hurley, Kathleen V./Dobson, Theodore E.: Wer bin ich? Persönlichkeitsfindung mit dem Enneagramm – Der Schlüssel zum eigenen Charakter. Herder 1996.

Jaxon-Bear, Eli: Die neun Zahlen des Lebens. Das Enneagramm – Charakterfixierung und spirituelles Wachstum. Droemer Knaur 1992.

Küstenmacher, Marion (Hg.): Das Enneagramm der Weisheit. Spirituelle Schätze aus drei Jahrhunderten. Claudius 1996.

Naranjo, Claudio: Erkenne dich selbst im Enneagramm. Die 9 Typen der Persönlichkeit. Kösel 1996.

Nogosek, Robert: Das Jesus-Enneagramm. Herder 1996.

Palmer, Helen: Das Enneagramm in Liebe und Arbeit. Droemer Knaur 1995.

Palmer, Helen: Das Enneagramm. Sich selbst und andere verstehen lernen. Droemer Knaur 1991.

Pierse, Gerry: Neun Türen zum Gebet. Enneagramm und christliche Meditation. Claudius 1996.

Riso, Don R.: Das Enneagramm-Handbuch. Droemer Knaur 1993.

Riso, Don R.: Die neun Typen der Persönlichkeit und das Enneagramm. Droemer Knaur 1989.

Rohr, Richard/Ebert, Andreas: Das Enneagramm. Die 9 Gesichter der Seele. Claudius 1996.

Vollmar, Klausbernd: Das Arbeitsbuch zum Enneagramm. Hugendubel 1994.

Vollmar, Klausbernd: Das Ennegramm der Liebe. Hugendubel 1995.

Vollmar, Klausbernd: Das Enneagramm. Praktische Lebensbewältigung mit Gurdjieffs Typenlehre. Goldmann 1995.

Zehl, Hermine M.: Das Enneagramm praktisch und leichtgemacht. Erfolgreiche Lebensbewältigung nach dem System der neun Archetypen. Heyne 1997.

Zuercher, Suzanne: Neue Wege zur Ganzheit. Die Spiritualität des Enneagramms. Herder 1995.